U0829977

译文科学

科学有温度

BORIS CYRULNIK

LES VILAINS PETITS CANARDS

丑小鸭

童年创伤与心理复原

[法]鲍里斯·西吕尔尼克 著
王真 译

上海译文出版社

目　录

致谢

这本书并不是从天而降的，它是由几百位作者共同撰写而成的，读者可以在每页下方的脚注和文末的参考文献中找到他们的名字。

不过，我还想在此感谢一下其他没有被提及的人，文中很多关键内容正是得益于他们的贡献。

在克劳德·勒鲁瓦（Claude Leroy）和罗兰·库坦索（Roland Coutanceau）的支持下，法国心理健康联盟（Ligue française pour la santé mentale）帮助我开展了大量工作，组织了实地调研，并促成了与国外研究者和从业人员的多次会面。

在其主席安妮-艾蒙·吉斯卡尔·德斯坦（Anne-Aymone Giscard d'Estaing）女士的悉心关怀和玛丽-波勒·波尔波特（Marie- Paule Poilpot）的帮助下，儿童基金会（Fondation pour l'enfance）邀请了欧洲的学者、医生、社会学家、心理学家、教育工作者和儿童福利机构（Aide sociale à l'enfance）的负责人进行相关工作经验交流和分享。

致力于维护儿童权益的克莱尔·布里塞（Claire Brisset）女士邀请我加入了她的团队，令我得以将针对"复原力"这一概念的相关研究付诸实践。

米歇尔·曼乔（Michel Manciaux）教授在与米歇尔·施特劳斯（Michel Strauss）教授一起揭示了"遭遇虐待的童年"这一令人惊讶的现象之后，继续积极投身相关研究，旨在从源头上杜绝问题的发生，并帮助受到伤害的孩子恢复成长。

斯特凡·范尼斯坦达尔（Stephan Vanistendael）是日内瓦的国际天主教儿童局（Bureau international catholique de l'enfance，BICE）的负责人，也是欧洲最早提出"复原力"概念并致力于帮助受害儿童的先驱之一。

雅克·勒孔特（Jacques Lecomte）是我的故事忠实的倾听者，他用自己的笔触告诉大家在经历过创伤之后，幸福仍然是可以被实现的。

儿童事务中央委员会（Commission centrale de l'enfance，CCE）帮助了许许多多犹太儿童，现在这些孩子都已长大成人，以自己的方式实现"复原"。

人类行为学研究小组的创始人们，包括第一本用法语撰写的临床行为学著作的作者阿尔伯特·德马雷（Albert Démaret）、雅克·德·兰努瓦（Jacques de Lannoy）教授、雅克·科斯尼耶（Jacques Cosnier）教授、于贝尔·蒙塔格纳（Hubert Montagner）教授、让·勒加缪（Jean Lecamus）教授、克劳德·本施（Claude Bensch）教授和皮埃尔·加里格（Pierre Garrigues）教授在内，花费了大量的精力创立行为观察方法。

感谢土伦-瓦尔大学行为学专业的学生和博士生们的辛勤付出，其中很多人都在文中被提及，以表示我对他们的肯定和欣赏。

感谢伯纳德·戈尔斯（Bernard Golse）教授，他与米歇尔·苏莱（Michel Soulé）教授一起接任管理世界婴儿心理健康协会（World Association Infant Mental Health，WAIMH）。作为塞尔日·勒博维奇（Serge Lebovici）教授的继任者，他们将继续推动精神分析学与行为学两种学科之间的交流。

感谢米歇尔·勒梅（Michel Lemay）教授（魁北克蒙特利尔）二十多年来一直致力于复原力的研究；感谢米歇尔·图西尼昂（Michel Tousignant）教授（魁北克蒙特利尔）指出社会影响所具有的重要作用；

感谢查尔斯·巴杜拉（Charles Baddoura）教授（黎巴嫩贝鲁特）、维奥莱塔·斯坦（Violetta Stan）教授（罗马尼亚蒂米什瓦拉）、玛丽亚·尤金尼娅·比利亚洛沃斯（Maria Eugenia Villalobos）教授、玛丽亚·尤金尼娅·科尔梅纳雷斯（Maria Eugenia Colmenares）教授、洛伦佐·巴莱尼奥（Lorenzo Balegno）教授（哥伦比亚卡利）、巴德拉·米穆尼（Badra Mimouni）教授（阿尔及利亚奥兰）和让-皮埃尔·普尔托瓦（Jean-Pierre Pourtois）教授（比利时埃诺省蒙斯）创造了许多美妙的相遇，并亲赴一线去帮助那些心灵受到创伤的孩子们。

此外，在和法国临床和人类学行为学研究协会（Association française de recherche en éthologie clinique et anthropologique）一起开展复原力相关研究的过程中，有很多人和我交换了看法，并建立了深厚的情谊，令我受益匪浅。他们是：雅克·科林（Jacques Colin）、罗塞琳·查斯坦（Roselyne Chastain）、西尔万·瓦尼耶（Sylvaine Vannier）、米歇尔·德拉吉（Michel Delage）、克劳德·贝阿塔（Claude Beata）、斯坦尼斯拉斯·托姆基维茨（Stanislas Tomkiewicz）、菲利普·布雷诺（Philippe Brenot）、伊莎贝尔·盖伊泰拉（Isabelle Guaïtella）、安东尼·勒让（Antoine Lejeune）、多米尼克·戈达尔（Dominique Godard）、安杰洛·詹弗朗西斯科（Angelo Gianfrancesco）、诺伯特·西拉米（Norbert Sillamy）以及许多在此没有提到的人，我由衷地感谢他们。

感谢创造了这本书的人们：我的妻子佛罗伦斯，她对我的复原力的发展起到了重要作用；以及杰拉德·若兰（Gérard Jorland），他逐字逐句地复核我的手稿，避免了许多可能出现的错误。

最后，还要感谢奥迪尔·雅各布出版社（Odile Jacob）令本书最终得以和各位读者见面。

引 言

它低着头走向它们，心里已经做好离开这个世界的准备。就在这时，它看到自己在水中的倒影：丑小鸭已经蜕变成一只美丽的白天鹅……

《丑小鸭》，汉斯·克里斯蒂安·安徒生

“二十五岁时，我和我的第一首歌，一起来到了这个世界。”

“之前呢？”

“我在挣扎。”

“你绝不能回到记忆中的旧时光，那些童年的回忆让人心碎。[①]”

这是改变一切的关键时刻，使人生就此变得截然不同。

“之前呢？”

“我必须保持沉默才能活下来。很久以前我就死了，但唱歌这件事让我起死回生，走出困境。[②]”

“走出困境？存在这样的可能性吗？所以死亡并非陷入绝境？”

经历死亡之后，记忆中的旧时光会再次浮现

热奈（Genet）七岁的时候，被福利院托付给了莫尔旺地区的农民。

“我很小的时候就死了。我的内心充满无法治愈的失衡感……无论是对过去还是将来，无论在快乐或是难过的时候，这是孤注一掷的人生……[③]”

有时候，仅仅一件小事就能引起死亡，或者说“死亡的状态”。然而，当人们起死回生获得新生的时候，这个时刻就变得至关重要，关于旧时的记忆也会在此时再次浮现。死亡这件事绝非寻常。脱离凡尘，升入天国，而当再次回归尘世，过去的一切就此变为传说。首先是经历死亡——“最终我承认了自己在九岁那年就死了……反观对我的谋杀，就是把我变成一具尸体的过程[④]”。尔后，是令人意外的起死回生——“我笔下的内容充满忧郁，而事实上我感知到的幸福十分生动[⑤]”，这种反差让人惊讶。

这么看起来，起死回生的方法也许是身份的转变？这是一种漫长的蜕变。“死”过之后又重生，难免会发出“我是谁?”的疑问。此时需要重新去认识自己，经受住考验以证明自己有存在的必要。当有些孩子因为对这个世界无可留恋而决定离开时，如果存在一个契机，让他们遇到一个愿意伸出援手的人，他们也未必知道如何接受这份好意。相反，他们的行为会变得出人意料，比如让自己故意处于危险之中。在他们看来，如果幸免于难，那么证明命运允许他们就这样继续活下去。

像往常一样，小米歇尔的父亲把他打了一顿，关进了地窖里。但这一天，小米歇尔成功逃了出来。外面天气很好，路上的行人洋溢着幸福的微笑，但米歇尔对此无动于衷，丝毫感觉不到快乐。他路过水果摊，善良的女老板给了他一个苹果，甚至主动让他和自己的狗一起玩。小狗

① BARBARA, 1968, *Mon enfance*（歌曲）。

② BARBARA, 1964, *Paris-Match*, 21 décembre, cité *in*. BELFOND J. -D., 2000, *Barbara l'ensorceleuse*, Christian Pirot.

③ SARTRE J. -P., 1952, *Saint Genet. Comédien et martyr*, Gallimard, p. 12-13.

④ CASTILLO M. DEL, 1998, *De père français*, Fayard, p. 12.

⑤ *Ibid.*, p. 22.

也很喜欢米歇尔，他们玩闹了好一阵。然而，快乐是如此短暂。没多久，米歇尔内心感受到的幸福就渐渐被紧张和焦虑的情绪冲散。看着路上一辆接着一辆驶过的汽车，他突然冲上前去，像一位斗牛士躲避公牛的进攻那样，来回穿梭于车流之中。水果摊老板见状赶紧把他拉回来，严肃地说明了这种行为的危险性，但米歇尔对此完全体会不到。

那些经历过创伤而重新学习如何生活的人总会说："我走出来了。"然而，无论是像米歇尔那样从地窖逃出来，还是像有些心如死灰的人从他们的"坟墓"中走出来，在从黑暗走向光明的这一路上，我们必须重新学习如何去过一种全新的生活。

"从集中营逃出来并非代表获得自由。①"当死亡的阴影渐渐消散，生活并不会就此回归。活下来的人需要去寻找，重新学习如何走路、呼吸以及在这个社会里生活。回归生活、重获尊严的显著标志之一就是懂得分享食物。因为在集中营里，食物非常稀缺，那些幸存的人但凡能够找到吃的东西，只会自己偷偷独享。当他们有机会走出集中营去转转时，有些人会选择从密布的铁丝网下钻出去，因为长时间的压迫导致他们不敢光明正大地从正门走出去。在体会过自由之后，那些回到集中营的人们会开始分享吃的东西，以此证明他们已经准备好重新回归正常人的生活。

虐待的停止并不代表问题就此解决了。事实上，当失去家人的孩子找到收养他的人时，这才是所有问题的开始。他会问自己："现在我该怎么办呢?"就好像童话故事里的丑小鸭找到了天鹅，和它们待在一起，但这不代表之前遭受的不幸都没有发生过。曾经受过的伤害会留下痕迹——"遭受两次打击会造成持续的心理创伤②"。第一次的打击是在

① FISCHER G. -N., 1994, *Le Ressort invisible. Vivre l'extrême*, Seuil, p. 185.

② FREUD A., 1936, *Le Moi et les mécanismes de défense*, PUF.

现实中遭受到的身心伤害，而第二次源于对曾经伤害的复现所带来的被羞辱或被遗弃的痛苦感受。此时的丑小鸭也许会问：“现在我该怎么办呢？继续深陷痛苦，还是寻求报复，或者学习如何成为一只天鹅去过它们的生活？”

对于第一次打击，降低其所造成影响的关键在于治愈身心受到的伤害。针对第二次打击，改变对已经发生的苦难的看法，学会用另一种方式向他人描述不幸的遭遇，能够有效减轻这种打击所带来的痛苦感受。旁人会叹惋这些厄运，也会就此了解不同的人生际遇。平复创伤的过程不仅仅是身心伤口的愈合，也包含对于创伤的重新认识。那只丑小鸭可能要花很长时间才能明白：伤口愈合并不代表安然无恙。留下的伤口会成为弱点，就像一个脆弱的缺口那样，在日后的成长过程中随时可能被命运的无常击溃。正因如此，丑小鸭需要不断改变自己的想法。如果无法忘记自己的过去，即使像一只美丽的天鹅那样生活，它的内心依然脆弱无比。但是，在变成天鹅之后，它就可以从另一个角度来看待曾经的不幸遭遇，而不至于无法承受这份痛苦。

这说明了“复原力”这种使自己走出困境、变得更好的能力，与坚强的性格和所取得的社会成就并无直接关联。

一个过分善良的红发小男孩的故事

我曾经治疗过一个十五岁的男孩，他的行为举止令人惊讶。他有着一头红发，皮肤很白，来的时候穿着一件带天鹅绒领子的厚重蓝大衣，这在六月的土伦显得不合时宜。说话时他回避着我的眼神，声音很轻，以至于我几乎听不到连贯的表达。据说这个小男孩患有精神分裂症。然而，随着交谈不断深入，我发现他其实内心善良又坚强。小男孩住在下城区的一间双层二居室：楼下住的是他的奶奶，因罹患癌症而奄奄一息；

楼上住着酗酒的父亲和一条狗。每天早上，小男孩很早就会起床，做家务、准备午餐，然后赶去上学。他在学校表现优异，却总是形单影只，身上穿的大衣其实是从父亲的衣柜里拿出来的，因为他没有自己的衬衫。放学以后，他会去采买，总不忘买回一瓶葡萄酒；然后打扫房间，因为父亲和家里的狗总是把房间弄得天翻地覆；最后还要确认奶奶服用的药品，并为家里所有人准备晚餐。到了夜里，当一切归于平静，小男孩终于可以开始学习，这是属于他的短暂幸福时光。

有一天，学校里的一位同学找到小男孩，和他说起自己在“法国文化”电台收听的一档节目。一位外语老师邀请小男孩和他的同学一起去咖啡馆聊一聊相关的话题。小男孩从咖啡馆回来以后，因为这突如其来的幸福而不知所措：这是人生中第一次有人像朋友一样和他交谈，并且邀请他去喝咖啡，只为了讨论一个无关紧要、有趣而又抽象的问题，这完全不同于每天填满生活的无休无止的日常琐事。这样的聊天对于一个拥有正常生活的年轻人来说也许不足为奇，却让这个小男孩仿佛发现了新大陆：原来生活中可以有朋友，也可以追寻精神世界的富足。在咖啡馆度过的这一个小时对他来说就像一种启示，是一个神圣的时刻，把在此之前和之后的生活彻底区别开来。更重要的是，这种益智的谈话让他不仅享受到了片刻的友情，还得以从生活的烦恼中暂时脱身。

在高中会考前几周，小男孩对我说：“万一考上了大学，我不能撇下我的爸爸、奶奶和狗不管。”然而，命运的安排显得讽刺而又残酷：他的狗逃走了，父亲跌跌撞撞追了出去，结果出了车祸，而奶奶则在受尽疾病的折磨之后去世了。

卸下了家庭的重担，这个红发小男孩如今是一名优秀的东方语言专业学生。可以想象的是，如果他的狗没有逃走，即使考上了大学，他也会因为无法抛弃自己的原生家庭而选择一份没有什么前途的工作，以便照顾家人。他永远也不可能成为一名四处游历的学者，但也许会为自己留有一些幸福的时刻，作为对抗不幸生活的力量。

这个故事促使我写下这本书来阐述以下两个观点。首先，内在的力量塑造了这个红头发小男孩温柔却又坚强的性格。也许在婴幼儿时期身处的情感环境令他在无意识的记忆中形成了一种对外界进行反应的方式，从而塑造了性格，并确立了之后的行为模式，而这一切甚至发生在开口说话之前。这种早年间形成的性格和行为模式也许可以解释他在青春期面对家庭重担时所表现出的古怪行为和温柔又强大的内心。

后来，当小男孩学会了说话，他的内心便形成了相应的防御机制，使其在面对痛苦时能够产生降低不适感的心理反应。这种防御机制可以抑制内心的冲动或表现出来的行为，就好像我们产生做坏事的想法时会心生愧疚，又或者我们时刻被一种强加的记忆所折磨，无法摆脱①。我们由此可以逃避、过滤或者缓冲来自外部的刺激。然而，当所处的环境造成了持续不断的刺激时，防御机制就会一直启动，从而使我们陷入否认、封闭或者是过分焦虑的状态中。原本心理健全的人会对此感到不适，而这种不适的根源其实在他所身处的环境，源自家庭或社会的问题。对这一类患者治疗的关键在于改善其所处的环境，从家庭出发，打破一些在无意识中对行为和反应造成影响的偏见、习惯或者信仰，以此来恢复内心的进化，增强复原力——这是一种在逆境中顽强抵抗并恢复发展的能力。

因此，任何关于“复原力”的研究都应该集中在以下三个方面：

第一，人们在尚未学会说话的婴幼儿阶段，通过其他互动形式而获得的内在力量塑造了性格，决定了他们在面对刺激时所采取的应对方式。周围的人也在这个过程中发挥着作用；

第二，外界刺激的性质决定了第一次打击所引起伤害的强度：造成

---

① LAPLANCHE J. , PONTALIS J. -B. , 1973, *Vocabulaire de la psychanalyse*, PUF, p. 109.

创伤或导致缺陷。而这种伤害对受害者日后的生活及其所处的家庭和环境产生的负面影响，是造成第二次打击的原因，甚至会由此引发精神疾病；

最后，受到打击的人若能得到一些关心、参加一些活动或收获一些鼓励，这将帮助他恢复复原力，得以在被打击之后重新恢复个人的发展。因而，个人性格、创伤的影响和社会支持三方面因素的有机结合，决定了精神创伤发生之后不同的发展趋势。

不幸者的创造力

一个孩子成长于一个平和温暖的家庭，对父母安全的依恋塑造了他的性格，使其在面对不幸时具备应对的能力。如果有一天，我们对遭遇不幸的人不再加注“受害者有罪”或者“命该如此”的论调，对受害人少一些怀疑、嘲讽或是指责，他们感受到的伤害就会减轻，他们自身也会更早进入创伤恢复阶段。而当社会能够为他们提供一些发挥所长的机会，其中很大一部分人甚至能够将曾经不幸的遭遇转化为一项有益的事业并为之努力。

但是，如果这个孩子原本就在一个不幸的家庭中长大，他的性格就会存在一些问题。若此时身处的环境限制了自由的表达，他会再次受到伤害。而当被整个社会遗弃时，这个受伤的孩子所要面对的将是无望的人生。

当我们明白了这一点，就更容易理解人们所说的：“生活在有些家庭里甚至比在集中营还要痛苦。”仅仅遭遇一次打击或不幸并不一定会造成心理创伤，这取决于感受到的痛苦的性质。在集中营里，折磨人的是一些现实的情况，比如寒冷、饥饿、挨打以及随时到来的死亡。这些都是具象的、外在的痛苦。如果设法活下来，那么这种打击和带来的痛苦就会被化解；而遭遇不幸后产生的缺失感、无意义感或者体会到的荒谬的现实则会加剧痛苦。

十岁的小马塞尔从集中营回来以后，被一个寄养家庭收养。刚到的几个月里，他一言不发。寄养家庭里没有人问起他在集中营里的生活，反而责怪他总是沉默寡言。于是小马塞尔试着告诉大家自己曾经的遭遇。然而，当看到养父母脸上露出厌恶的表情时，他立刻停了下来。小马塞尔讲述的内容让养父母由衷地感到害怕。这种情况很容易理解：就好比你见到了一个可爱的孩子，他很会说话，你们相谈甚欢。突然他告诉你："你知道吗，我妈妈被人强奸才生下了我，所以她一直很讨厌我。"听到这样的话，你还能无动于衷吗？你的态度马上会发生转变。看着这个孩子，你脸上的表情开始变得尴尬，只能闲扯几句打破沉默。就这样，你对他原本的好感消失了。当你再次见到这个孩子，首先会想到的就是他的身世，由此产生的情绪会让你无意中改变了对他的看法。

在讲述了自己的遭遇之后，马塞尔很快就发现寄养家庭对他的态度发生了转变。家里的人都躲着他，不太愿意和他说话，尽可能避免接触。这就是马塞尔即将要生活十多年的地方，这种家庭关系令人窒息。

马塞尔在集中营生活了一年。恐惧和仇恨令他决意与那些刽子手势不两立。这些人对他而言是需要时刻提防的危险，也是日思夜想希望摆脱的恶魔。然而，直到后来他才惊讶地发现，即使远离了那些伤害自己的人，他们还是会存在于记忆中，烙印在他的身上。

渐渐地，马塞尔的寄养家庭对他越发冷淡，甚至可以说态度轻蔑。马塞尔很后悔，也很内疚，他认为这一切都是因为自己说了曾经的遭遇所导致的，是自作自受。为了弥补过错，他变得越来越听话。但他越是听话，越是被家里人看不起。养母把家里的杂事都扔给了马塞尔，还总是叫他"大胖子"——尽管他已经瘦得皮包骨头了。有一天，当马塞尔光着身子在厨房洗澡时，他的养母一时兴起，想看看一个十一岁的小男孩是否能够勃起。于是，她认真地做了尝试，并在成功之后扬长而去，留下一脸茫然的马塞尔尴尬地待在原地。几天之后，养父也对他进行了骚扰。这一次，马塞尔没有接受。他使劲挣扎，才得以逃脱。这就是从此以后马塞尔必须要面对的生活。与此同时，周围的邻居对马塞尔的养父母却是交口称赞。在邻居们的眼里，这对夫妇对待养子视如己出，而他们并没有义务这么做。“你的养父母为你所做的事，是亲生父母永远不可能做到的。”邻居们总是对马塞尔这么说。于是，原本能说会道的马塞尔变得越来越沉默。他知道没有人会听他说话，也没有人能够把他从痛苦中拯救出来。曾经有社工来登门调查过，养父母非常礼貌地接待了这位工作人员，于是对方只是在门口简单问了几个问题后就离开了。而事实上，马塞尔过着每天挨打挨骂的生活，做很多家里的重活，晚上只能睡在厨房里，桌子下面的小床是他休息的地方。然而令马塞尔最为痛苦的，是家里人给他起的那些带有侮辱性的绰号——没有人再叫他的名字。“喂，傻瓜，快去洗厕所！”“臭驴脸，怎么还没做完？”这些话让马塞尔难以承受，不知所措。为了减轻痛苦，同时继续和别人口中无私付出的寄养家庭友好相处，马塞尔只能强迫自己变得对一切无动于衷。

几乎是在同一时期，马塞尔又想起了集中营的生活。他以为自己已经忘却了，但奇怪的是，再次想起这段经历的时候，曾经的记忆仿佛被重写了：他记得集中营里很冷，但自己并不感到寒冷；他记得在里面每天都很饿，可是怎么也想不起是怎么忍受饥饿折磨的；他想起一次又一次死里逃生的经历，却一点都不害怕，甚至以此为乐。此后，每当马塞尔在寄养家庭遭受打骂或者内心感到无法承受的悲伤时，他就会回想在集中营的生活。想到自己曾经以惊人的体力和毅力熬过了所有的苦难，他的内心就会升腾起一种自由的感觉。

集中营的生活痛苦不堪，但当马塞尔回想起来的时候，这段经历却变得不那么糟糕，甚至让他获得了一种力量，以此对抗自己因为被虐待而感受到的绝望。

当现实生活变得难以承受，过去痛苦的记忆会被美化，使我们得以从中获得对抗现实的力量。

记忆的复现经过了现实的加工，我们不能因此否认记忆中那些事情的真实性。它们是真实存在的，只是经过了重组。就像那些现实主义的绘画作品所表现的内容都是真实的，但画家在绘画的时候，会重点突出自己特别关注的地方，按照自己的方式进行创作。

童年遭遇不幸的人们带来的启示

理查德的父亲去世后，他的母亲就离家出走了。她并非因为狠心才抛下孩子们，而是实在无力独自一人照顾八个孩子。每天睁开眼就开始为生活奔忙的日子令她精疲力竭。照顾家庭的重担因此落到了理查德大姐的身上。为了有足够的钱来维持生计，这个十四岁的女孩能想到的办法就是带着弟弟妹妹们去卖唱乞讨。每天黄昏时刻，全家人都会一起出发去巴黎的二十区沿街歌唱。他们的合唱很受欢迎。演唱结束后，年纪小的弟弟妹妹们就会争先恐后去捡路人丢来的硬币，这些钱让他们能够吃上晚饭。四十年后，当年那个花季少女已然变成老妪，但每当想起带着弟弟妹妹卖唱的那段时光，她还是会忍不住笑出声。其他人记忆中的这段经历也都是快乐的，只有一个妹妹为此感到痛苦，时至今日仍然忘不掉当年被迫乞讨而遭受的羞辱，以及自己的母亲因为不堪生活重负而选择逃离的事实。

每个孩子不同的人生道路和性格发展决定了他们对同一件事会产生不同的回忆，因此，认识到这种现象是如何形成的就变得很重要。

复原力在这其中发挥着作用：它让我们具备远离痛苦过去的能力，

把曾经不幸的遭遇变成让人自豪或者感到快乐的回忆。对痛苦的屏蔽是通过自身的一些防御机制来实现的，虽然过程很艰难，但是非常必要。主要的防御机制有以下几种：

否认痛苦："我并没有遭受痛苦。"

情感隔绝："当我回忆过去的时候，不带有任何情绪。"

提前规避："我努力地阻止曾经感受到的焦虑再次出现。"

理智思考："我试图理解曾经的遭遇产生的原因，从而帮助自己去克制情绪。"

艺术创作："我通过作品来表达那些无法言说的过去。"

这些内心的防御机制使得我们在遭受不幸之后能够回归原本的生活。面对降临的厄运，麻痹自己是一种自我保护的方式，可以减轻痛苦，但会影响我们对待生活的态度。也许只需一个契机，我们就会清醒过来，回归到曾经的生活。但这并不代表一切恢复正常，我们还要面对其他的考验：作为受害者，有些人感到蒙受屈辱，有些人自觉低人一等，有些人始终觉得自己和身边的人不一样。而身边的人也许也会因为我们而发生变化，那么，该如何向他们诉说我们的遭遇？当沙拉莫夫（Chalamov）从劳改营回来的时候，在给帕斯捷尔纳克（Pasternak）的信中，他写道："我不知道等待我的会是什么？我的女儿变成什么样了？我的妻子呢？她们能体会到我满腔的热情吗？这股热情可以支撑我继续在劳改营待上二十五年。①"

对于复原力的研究需要持续很长时间。观察一个人一段时间或者和

① CHALAMOV V., 1991, *Correspondance avec Pasternak et Souvenirs*, Gallimard, p. 183, *in*: FISCHER G. -N., 1994, *Le Ressort invisible*, *op. cit.*

他接触个三五年，你也许能够对他的为人处世有所了解。但当你进行长时间的跟踪研究，就会收获意想不到的惊喜。

“生命周期”的概念使我们得以将人的一生分成不同的阶段进行描述。每个阶段都有其特殊性，我们面对的是完全不同的世界。然而，从一个阶段进入到另一个阶段，也许会唤醒一些曾经我们以为已经忘却的记忆。

那些经历过的不幸，我们永远无法真正地忘却，但也许可以从不同的角度去看待，让那些遭遇变得不那么沉重，甚至可以是美好而又充满意义的。

> “我一路前行，难掩情绪，
> 以为被我踩在脚下的过去，
> 那些历经苦难的岁月，
> 随着记忆又再次浮现。[1]”

从十四岁起，身处战乱年代的芭芭拉就开始创作。她会写一些诗句并声情并茂地进行朗诵，那时候她就已经展现了歌唱的天赋[2]。因为自己的犹太裔身份，她不得不东躲西藏，时刻生活在死亡的阴影下。然而，芭芭拉仍能从生活带给自己的苦难中找到快乐的时刻：“比如躲在房间里偷偷打牌，或者发现了德国人后秘密撤离并成功脱身。[3]”

面对同样的苦难，很多人就此一蹶不振。但芭芭拉是如何将她遭受的痛苦转化为创作的动力的？是怎样一种力量令希望之花在逆境中绽放？

---

① BARBARA, 1968, *Mon enfance*（歌曲）。

② BELFOND J. -D. , *Barbara l'ensorceleuse*, *op. cit.* , p. 15.

③ BARBARA, 1998, *Il était un piano noir*, Fayard.

我认为也许是芭芭拉在婴幼儿时期产生的情绪造就了她的性格，使其在面对挫折时能够拥有足够的内在力量来走出困境。这个阶段的孩子所产生的情绪深受外界影响，而芭芭拉周围的人，无论是她的母亲、兄弟姐妹，甚至是父亲——那时还没有成为她的噩梦——在她小的时候都能给予她稳定的情绪反应，从而帮助塑造了她的行为习惯以及与人相处的模式，令她在逆境中也能保持乐观。

长大以后的芭芭拉先后遭受了父亲的两次强奸，又经历了战乱，为了自我保护，她必须建立起内心的防御机制：忘记痛苦的过去，同时不断放大自己那些被周围人称赞的特质，比如乐观、创造力、热情和女性魅力，从而被他们接受。与此同时，她必须掩盖内心的痛苦，不让身边的人发现。她无法彻底改变自己，但可以努力使别人感到幸福。曾经的伤痛令她对这个世界上发生的不幸都感同身受，并且愿意伸出援手①。

“和他们在一起，我很受伤，
和他们在一起，我很陶醉。”

这种令人走出困境的内在力量同时也会使性格变得矛盾：它让人渴望获得关爱，为此不断付出，但在面对别人表现出的爱意时，又犹豫逃避。

“正因为我爱你
所以我选择离开。”

---

① 针对芭芭拉部分歌曲内容进行的分析。

因此，那些遭遇不幸而凭借自己的力量脱困的人对一切都充满感激。“感谢我生命中的那些男人，他们造就了我。”芭芭拉于是全身心地投入创作，将自己的经历融入其中，作为对那些人的回报：“唱歌这件事让我起死回生，走出了困境。①”

在和芭芭拉一样遭遇童年不幸的人身上，存在着值得研究的课题。通过了解他们是如何自我疗愈，避免伤害，我们也许能够得到一些对于儿童培养和教育的启示。

学会观察以避免隐喻造成的被忽略的错误

遭遇不幸的人存在走出困境的可能性，这促使我们换一个角度去看待问题。长久以来，人们对于这个问题的看法都是基于理性且简单的分析，倾向于评估不幸对生理、心理、情感及整个社会产生的影响。这种做法的弊端在于，它采取了物理学的研究模式，把一切简单地归结为因果关系：比如水温升高到一定程度就会沸腾，或者当铁棒被持续敲击后会在某个时刻断裂。但这种方法在当时确实得到广泛的认可。1940 年战争期间，安娜·弗洛伊德在伦敦收留了一些因为轰炸而失去父母的孩子，发现这些孩子中出现发育障碍问题的比例相当之高。同一时期，勒内·斯皮茨（René Spitz）也认为缺乏关爱会造成孩子停止发育。上世纪六十年代，约翰·鲍比（John Bowlby）提出了在当时具有革命性的“依恋理论”，强调了早期亲子关系的重要性，并认为其适用于包括人类和动物在内的所有生物。而当时的主流思想却并不重视家庭以及社会对孩子成长起到的作用，人们普遍认为孩子就像种子一样，只要是一粒好

① BELFOND J. -D., *Barbara l'ensorceleuse*, *op. cit.*

种子，那么空气和肥料就能让其茁壮成长。如果种子不能发芽，那是因为它自身的问题，而这些“坏种子”应该被去除，才能确保社会的良好发展。这种思想很容易催生种族主义。正因为与主流观点相左，约翰·鲍比的研究在当时仅仅得到了世界卫生组织一些微薄的资金支持。逐渐兴起的女权主义反对这种观点，因为它将妇女与动物进行类比，伟大的人类学家玛格丽特·米德（Margaret Mead）也对此予以驳斥。她认为儿童的生长并不需要情感支持：“强调孩子与母亲之间缺乏情感的目的是阻止女性外出工作。①”

然而这种情感的缺乏造成的后果是毋庸置疑的：得不到情感支持的孩子会变得不幸；若孩子被遗弃，他的个人发展就会停滞。爱丽丝·米勒（Alice Miller）②、皮埃尔·施特劳斯（Pierre Strauss）以及米歇尔·曼乔③都是这个研究领域的先驱，他们主张的理论如今深受认可，但在三十年前却无人问津并遭到非议。对于复原力的研究正是基于这些前辈们的探索，不过他们得出的结论通常源自对个体短时间的观察，因此如今的研究需要延长观察时间。一旦时间跨度被拉长，所得出的结论就会因为其他因素的影响而发生改变。

长久以来，人类一直在和大自然进行抗争，不轻易屈服于现实中的困难，在不断解放自我的过程中产生了“文明”“超验”以及“形而上学”等观念。那么为何要以宿命论的观点来看待人生中的不幸？这只是人生故事中一些悲伤的插曲，而不是既定的命运。

这种全新的角度也许会颠覆“我们对儿童心理学的认知，以及教学

---

① MEAD M., 1948, in: LEBOVICI S., LAMOUR M., 1999, «L'attachement chez l'enfant. Quelques notions à mettre en évidence», *Le Carnet psy*, octobre, p. 21–24.

② MILLER A., 1983, *C'est pour ton bien. Racines de la violence dans l'éducation de l'enfant*, Aubier.

③ STRAUSS P., MANCIAUX M., 1993, *L'Enfant maltraité*, Fleurus.

和研究模式，乃至对生命个体的看法[1]”。曾经的研究聚焦的是不幸的遭遇对人产生的影响，而现在我们更应该关注那些有助于个体在遭受打击后恢复自身发展的因素。心理学的发展就是这样从具象走向抽象的过程。诚然，仍有一部分研究者认为心理疾病的产生是因为个体缺陷以及机体退化：身心健全的人能够抵御打击，而大脑有缺陷的人则会就此产生心理创伤。如果秉持这一观点，那么对于患者治疗的重点就在于通过补充相应的药物或者电击的方式来强化大脑。但是，如果我们换一种角度，把个人的发展归因于和他人产生的联结，那么对于这些患者的治疗除了利用外部资源，还应该重视对他们内在力量的发掘。

从创伤中恢复过来的孩子之中，有一些人甚至因为曾经的磨难而变得更加优秀。究其原因，并非这些孩子天资过人或坚不可摧，而是因为在幼年时获得的情感支持赋予了他们内在力量。如果这些孩子同时获得外部资源，比如社会的帮助，就能够从创伤中恢复过来。

观察一个孩子的行为并不是要给他贴标签，或者进行程序化的分析。相反，这样做是为了了解他的行为模式，并弄清其表达的含义和目的。观察语前期儿童如何像一名科学家一样去发现、探索并摆弄他周围的事物，让我们得以了解“每一个健康的孩子在面对人生中的困难时所展现出来的与生俱来的强大复原力[2]”。

因此，对于心理创伤，我们的认知不应再停留于大脑的缺陷和退化或者个体的不良发育，而是要试图去理解应激反应下产生的行为，并意识到如果具备激发复原力的内部和外在条件，受到创伤的孩子能够恢复个人发展。

---

① LEMAY M. , 1999, «Réflexions sur la résilience», *in*: POILPOT M. -P. (dir.), *Souffrir mais se construire*, Érès, p. 83-105.

② *Ibid.*

如果把心理创伤的产生简单地归结为个人缺陷或者发育不良，那么只要遭受创伤的人能够顺利完成学业或者凭借工作养活自己，我们就可以认为他已经恢复。但是，这种看待问题的方式忽略了其他因素的作用，比如人际关系、情感联结或者社会和文化因素，而这些是非常重要的。

但是，从“生命周期①”的角度出发，纵观一个人的一生②，我们会发现在生命的各个阶段，每个人都是独立完整而又丰富的个体，拥有与之对应并且能被感受到的内心世界。它非常脆弱，却能够不断进化。正因如此，所有人都应该参与到对于复原力的培养中来：普通人可以多去关心身边的人，运动员可以带领身边的孩子们一起运动，歌手可以组建合唱团演唱，演员要在表演的作品中反映现实问题，而哲学家则需要不断去发现新的理论并让更多的人了解。“每个人的一生都在沿着属于自己的道路不断前进。③”

面对生活的磨难，这种全新的态度把由不幸造成的创伤变成了一种挑战。

除了应战，我们还能怎么做?

---

① HOUDE R., 1999, *Le Temps de la vie. Le Développement psycho-social de l'adulte*, Gaétan Morin.

② FONTAINE R., 2000, Une approche « vie entière », *Le Journal des psychologues*, juin, no 178, p. 32-34.

③ BOWLBY J., 1992, « L'avènement de la psychiatrie développementale a sonné », *Devenir*, vol. 4, no 4, p. 21.

第一章

破 茧

很久以来，我一直在想，既然天堂里的一切都很完美，那么为什么还会有天使离经叛道，反抗这种生活呢？直到有一天我意识到，天使在反抗完美。天堂里的井然有序令他感到毫无生气，绝对的正义迫使他压制自己的情感、麻痹自己的感受。一切看上去纯白无瑕，却令天使感到痛苦。因此，天使选择堕落，成为魔鬼，好让世人重新看待天堂里的完美秩序和绝对正义。

气质或天使的反抗

这一部分将重点来谈一谈“气质”。“气质是经上帝之手镌刻在每个人内心的规则。我们需要时时刻刻遵守这些规则，服从于所有的约束和限制。①”

上述对于“气质”的定义是撒旦在1909年“亲自”告诉马克·吐温的，具有讽刺意味。在那个时代，科学定义的作用是强化“物种不变论”。这种理论认为一切都是上帝最好的安排，一切生物遵循设定的规则，一成不变。这样的社会背景使得借撒旦之口所表达的观点也蒙上了一层科学色彩。

在生物学还没有作为学科出现的时候，对于“气质”的定义已经暗含了生物学的相关理论。2500年前，希波克拉底（Hippocrate）指出人体内有血液、黏液、黄胆汁和黑胆汁四种液体，它们互相抑制和调节，在体内占比的不同决定了机体不同的运行方式②。这种观点得到广泛认可，甚至取代了其他很多对于个体的研究和假说。而得益于这种观点，人身上发生的任何奇怪的问题，比如身体或精神疾病，都可以找到解释——都是由于体内液体不平衡导致的。希波克拉底的这一假说受到当时自然和社会环境的影响。一方面，人们认为水是生命之源，但被污染的水源也可以传播疾病、导致死亡。另一方面，社会的等级制度维护统治者的利益，而处于底层的那些“农民和劳工，通常是一些奴隶，因为他们卑微的出身而成为受害者③”。这些人不断遭受痛苦，因为诸如天花、疟疾、肠道问题等疾病或是意外事故而丧命。受到等级和规则观念的影响，这些又穷又病的可怜人被普遍认为曾经犯过大错，才会遭到惩罚。而这种认为疾病是一种惩罚的观点在美索不达米亚文明中已经有迹可循，被记载于亚述时期的医学文献中，早在犹太教和基督教出现以前就存在了。

希腊人、阿拉伯人以及继承吠陀教的婆罗门人都把平衡体内物质作为治疗疾病的第一步。他们认为人体摄入或者分泌的某些液体可以产生情绪④。十八世纪，伊拉斯谟斯·达尔文（Erasmus Darwin），即查尔斯·罗伯特·达尔文的祖父，对这种观点深信不疑。他甚至为此发明了一种高速旋转的椅子，用以帮助抑郁患者驱赶坏情绪⑤。精神卫生的先驱者菲利普·皮内尔（Philippe Pinel）“认为遗传以及有缺陷的教育方式

---

① TWAIN M., «Letters from Earth. What is Man, and Other Philosophical Writings», *in*: LIEBERMAN A., 1997, *La Vie émotionnelle du tout petit*, Odile Jacob, p. 70.

② PICHOT P., 1997, «Tempérament», *in*: PÉLICIER Y., BRENOT P., *Les Objets de la psychiatrie*, L'Esprit du temps, p. 611–612.

③ SOURNIA J.-C., 1991, *Histoire de la médecine et des médecins*, Larousse, p. 34.

④ ALEXANDER F. G., SELESNICK S. T., 1972, *Histoire de la psychiatrie*, Armand Colin, p. 40.

⑤ *Ibid.*, p. 127.

都会导致精神失常，同时过度的情绪，比如恐惧、愤怒、悲伤、仇恨、喜悦以及兴奋等也会造成类似的问题①”。

这些产生于不同时代和文化的思想无不体现着同一种观点：作为渺小的人类，我们服从于物质对我们的影响；而物质受到神的操控，由其决定人所处的环境、社会等级甚至感受到的情绪。

因此，“气质”这个词在不同的科技和制度背景下存在着不同的含义。在亚述文明和希腊文明中，这个词接近于我们今天所说的“性格”。对于法国的革命者来说，它意味着“通过遗传和教育形成的情感”。到了十九世纪，“浪漫主义气质”代表对自然“法则”的顺从，一定程度上解释了社会飞速发展的背景下形成的新的社会阶级。

时至今日，由于遗传学研究的不断突破和科学技术的日新月异，同时神经心理学研究证实了婴幼儿时期与外界的互动对个人成长的重要影响，因此“气质”这个词的含义又发生了变化。

美国学者结合我们最新的研究成果，对这个词的概念进行了更新②。然而，当英语中的“气质”一词被翻译成法语的“tempérament”后，它们几乎成了同形不同义的词，而这比真正意义上的同形不同义更棘手，因为我们在使用的时候会忽视其中的差异。对这个词的正确翻译应该包含性格倾向的含义，即以某种方式发展性格。这是行为产生的“方法”，而不是“原因”，与其说是一种天生的特质，不如解释为在特定的环境下构建自己的方式③。

---

① ALEXANDER F. G., SELESNICK S. T., *1972*, *Histoire de la psychiatrie*, Armand Colin, p. 131.

② THOMAS A., CHESS S., BIRCH H., 1968, *Temperament and Behavior Disorders in Children*, New York University Press.

③ 气质：

《牛津英语语言指南》（*The Oxford Guide to the English Language*）：“人的本性，因为它控制着人的行为。” （转下页）

如今，对于“气质”的认识更趋向于“具备生命力的情感①”，一种体验世间万事万物并表达由此产生的情感的能力。它不再指人生的际遇或者像物种不变论拥护者认为的那样，是对自然“法则”的服从。“气质”成了一种无形的生命力，推动我们去认识万事万物并从中体会不同的感觉和情绪，进而对我们进行塑造。

自从撒旦不再引领思想，他开始了心理治疗。推翻自己曾经深信不疑的理论对他来说非常困难。

关于拉伊俄斯的精子和伊俄卡斯忒的卵子结合的悲剧

毫无疑问，遗传因素不容忽视。正如拉伊俄斯和伊俄卡斯忒的结合只能生出俄狄浦斯（Œdipe）一样，遗传从一开始就进行了限定。俄狄浦斯不可能成为一只苍蝇或是一只鸟，但倘若成了人，他也许就不会被抛弃，不会迎娶自己的母亲，神谕也不会应验，最后他也不至于刺瞎自己的双眼。神话里，故事的走向都是单一的，但在现实生活中，每一次遭遇背后都存在着另一种可能性。

我们经常听到的“基因程序”并非一个中立的表达。这个由伟大的生物学家恩斯特·迈尔（Ernst Mayr）② 提出的概念，如今看来已经有

（接上页） 《牛津高级学习者》（*Oxford Advanced Learners*）：“人的本性，因为它影响着人的思维、感觉和行为方式。”

但在日常用语中：

《哈拉普英法词典》（*Harrap's*）：Temperament =humeur（气质）；Temperamental = capricieux（任性的）；To be in a temper =être en colère（正在发脾气）。

《柯林斯词典》（*Collins*）：“人的性情；情绪多变；反复无常，不可靠”；性情 = “做某事的愿望或倾向。”

① STERN D. , 1989, *Le Monde interpersonnel du nourrisson: une perspective psychanalytique et développementale*, PUF.

② MAYR E. , 1961, «Cause and Effect in Biology», *Science*, no 134, p. 1501–1506.

点不合时宜，正在悄悄被“基因组字符串”这个相对而言更为准确的表述所取代。但这并不代表我们就能够理解基因，就像人们不可能仅仅通过列出组成“圣经”这个词的字母就理解《圣经》的内容一样[①]。事实上，克隆实验已经表明，同一条 DNA 链[②]根据其所在的细胞环境，会造成不同的基因表达结果。

目前已知的遗传疾病数量在七千种左右，这说明遗传因素的重要性，但这种重要性只有在遗传过程中发生的错误影响正常发展的情况下才会显现出来。遗传对人类的发展确实起到了决定性的作用，但这不代表人类的发展是由遗传决定的。

以苯丙酮尿症为例：健康的父母也许会各自传递出一个无法代谢苯丙氨酸的基因，当孩子同时接收到这两个基因而不幸患病，他的大脑会因为高浓度的苯丙氨酸而受损，其智力发育也会因此受到影响。对这种疾病最理想的防治方式是替换有缺陷的基因以恢复代谢[③]。为此罗伯特·格思里（Robert Guthrie）提出了低苯丙氨酸饮食的治疗方法。接受这种治疗方式的孩子在一段时间以后，脑组织中的苯丙氨酸浓度会降低，坚持几年，机体就会出现代谢代偿从而获得重新转化苯丙氨酸的能力，并恢复正常的发育。

这个例子改变了我们一直以来的看法：“对于天生的缺陷，人们通常无能为力。但若是因为后天所处的文化环境造成问题的产生，我们可以通过努力进行改变。”事实上，先天性的代谢缺陷比人们的偏见更容易纠正。

---

① ATLAN H., 1999, *La Fin du «tout génétique», vers de nouveaux paradigmes en biologie*, INRA Éditions, p. 24.

② 构成染色体的蛋白质分子组合，其序列决定着遗传信息的传递。

③ PLOMIN R., DEFRIES J., Mc CLEARN G., RUTTER M., 1999, *Des gènes au comportement. Introduction à la génétique comportementale*, De Bœck Université.

莱施-奈恩综合征也是一种典型的遗传病，其产生的原因是体内缺少一种分解尿酸的特定酶。患有该疾病的儿童通常身材矮小，急躁易怒，产生情绪时会引起肌肉痉挛。这类患儿往往伴随智力发育迟缓，但更显著的特点是会对他人及自身做出攻击性行为。我只接触过一个莱施-奈恩综合征患者，他会攻击每一个经过身边的人；当被控制无法动弹时，他就开始撕咬自己的下唇，做出自残行为。

1866 年，一位唐姓医生首次对 21-三体综合征（即唐氏综合征，又称“蒙古病”）进行描述。也是在这一年，孟德尔（Mendel）将豌豆杂交实验的结果整理成论文发表了出来。21-三体综合征是由于染色体异常而引起的，因第二十一对染色体在遗传分裂时发生错误，造成其呈三体，从而引发生长发育的缺陷。此类患儿具有明显的外形特征：头圆颈短、舌头肥大、内眦赘皮（遮盖上眼皮内眼角的皮肤皱褶，多见于亚洲人）以及通贯手。

研究发现老鼠在繁殖后代的过程中也会由于染色体异常造成此类疾病的产生。同样，年龄较大的母猴在繁衍下一代时，染色体三体的情况也时有发生①。值得注意的是，面对不同的遗传疾病，动物们所作出的反应不尽相同。患有莱施-奈恩综合征的动物通常寿命很短，因为它们的行为非常暴力，容易激发同伴以同样暴力的方式发起攻击，从而造成伤亡。然而，患有 21-三体综合征的猴子被同类对待的方式却完全不同。它们圆头圆脑又大腹便便，行动迟缓且发育不良，让那些成年的猴子在看到它们时会情不自禁地产生保护欲。母猴习惯于被自己患病的孩子依赖，而家族里的其他母猴子也会经常来帮助她，“甚至毫无血缘关系的猴子也会经常给这个患病的小猴子进行梳洗，频率是其他小猴子的两倍②”。

---

① ANTONARAKIS, S. E., 1998, «10 Years of Genomics, Chromosome 21, and Down Syndrom», *Genomics*, jul. 1, 51, p. 1-16.

② WAAL F., DE, 1997, *Le Bon Singe*, Bayard, p. 66-67.

由此可见，即使基因的异常性非常突出，它仍然需要环境做出应答。这种反馈从生化层面开始，一直持续到文化层面。

进步让人类从过错文化转向伤害文化

在强调个人过错的文化中，所有不幸的遭遇或者承受的痛苦，都是罪孽造成的。有罪的行为导致了疾病，而根治疾病的方法在于消除过错，比如采取弥补措施、举行用以赎罪的特殊仪式、进行自我惩罚或做出自我牺牲，以及通过金钱或献身的方式赎过。强调个人过错的文化认知使得遭受的苦难变得更加沉重，但又为自我救赎创造了可能性，并对此赋予了道德含义。由文化产生的问题最终也在这种文化中找到了解决方法。当科技的进步使得各行各业中专业人士的重要性日益凸显，面对痛苦，人们不再从自己身上寻找原因和解决办法，而是将责任推卸到那些专家学者身上，认为这些人的不作为才是导致自己遭受痛苦的原因。曾经我们将不幸的遭遇视作对自己罪孽的痛苦救赎；现在，随着科学的发展，人们意识到摆脱苦难的关键不在自己，而在旁人。时代的进步使得我们发生了改变，不再强调个人的罪行是造成不幸的原因，而是更加关注遭遇带来的伤害①。

欧洲中世纪的大瘟疫是强调个人过错这一文化非常好的佐证。十二世纪出现的游吟诗人见证了男女关系发生的悄然变化。妇女不再被排斥或者被剥削，相反，男人们开始热衷于与她们建立恋爱关系。骑士们通过比武赢得贵妇人的芳心，向她们表达自己高贵又优雅的爱恋。而这种爱情非常推崇贞洁，对于一名骑士来说，证明爱的方式并不是占有，而

① SALOMON J. -J. , 1999, *Survivre à la Science — Une certaine idée du futur*, Albin Michel, p. 248.

是离开自己心爱的姑娘①。

在当时的背景下，才学并不为人看重。“这是一种次要的、女性化的美德。”而人们赞赏的是推动社会运行以及克服困难的能力，这是“男性化的美德，即四肢发达且坚韧不拔②”。这背后的原因很容易理解：当时的社会发展依仗男性劳动者和牲口，因此具备克服身体各种不适的能力非常重要，因为只有这样才能继续从事劳动。比起花言巧语，劳动力更为重要。然而，与此同时，用奥克语创作的文学作品和歌曲风靡欧洲，并由此催生了一种新的自我防御机制：用优美的文字来表达内心的欲望和痛苦。

十四世纪造成大规模死亡的瘟疫使得人们内心的防御机制朝着两个不同的方向发展。一派主张“召唤瘟疫的防御者，比如圣塞巴斯蒂安（saint Sébastien）或者圣罗克（saint Roch），（以便）进行忏悔……激进的鞭挞派游走在村落中……唯一对抗瘟疫的方式就是弥补人类的过错以平息上帝的怒火③”。而另一派强调及时行乐，薄伽丘（Boccace）对此进行了描述：在拉古萨，赞成这一观点的游吟诗人们“嗜酒享乐，绕城嬉戏，嘴里唱着歌，尽情享受生活④”。人们开始通过作品来表达痛苦，形式非常多样。比如十六世纪末，梅毒被发现了，弗朗西斯科·洛佩斯·德·维拉罗伯斯（Francisco Lopez de Villalobos）对这种皮肤病及其传染性颇有研究，他在萨拉曼卡发表自己的研究时，创作了一首诗歌，全诗共七十六诗节，每一诗节包含十个诗行。

大瘟疫时代因为知识的欠缺，人们无法像今天那样认清疾病的本质并采取医学措施。但强调个人过错的文化使得他们能够通过其他方式，

---

① SENDRAIL M.（dir.），1980，*Histoire culturelle de la maladie*，Privat，p.21.

② NELLI R.，1963，*L'Érotique des troubadours*，Privat.

③ SENDRAIL M.，*Histoire culturelle de la maladie*，*op. cit.*，p.228.

④ *Ibid.*，p.324.

诸如自我救赎或者诗歌创作，来对疾病造成的影响采取行动。

十几年前，医学界一些权威人士认为孩子们不可能会抑郁。他们感受不到痛苦，因而在进行骨折复位或者切除扁桃体的操作中，无需进行麻醉。而另有一些医生坚持认为减轻孩子们的痛苦也是非常必要的①。止痛药、电击或者浸润镇痛技术的出现让人们掌握了缓解疼痛的方法。如今，当孩子遭受痛苦，无论是因为何种原因，比如护士换药时不小心碰到了伤口，或者是无法通过吃药迅速缓解的偏头疼，抑或是由于一个小手术引起的疼痛，父母都会怪罪于医务人员的失职。然而，没多久以前，当一个孩子因为疼痛而呻吟时，周围的人只会指责他不够勇敢，令其羞愧难耐。曾经，疼痛是伤者软弱的象征；而现在，它却代表了医者的无能②。

疼痛本身并不具任何含义，它只是一种生物信号，可以进行传送或者被阻断。但这种信号被赋予的意义取决于文化环境以及孩子的成长经历。当产生疼痛的事件具有了一定的意义，作为承受疼痛的人，孩子的感受也会发生改变。不过，这种意义不仅仅是具体的含义，也包含一种指向性。

以避孕药为例，让我们来看看文化背景是如何让人们赋予事物或者事件以意义的。抑制排卵的避孕药很早就被研发出来，并于 1954 年被准许上市。然而，因为药物实验最早是由 INRA③ 的研究员在牛和羊的身上进行的，将这一实验成功的经验推广至妇女身上的想法引起了她们的愤怒。我至今还记得那些对荷尔蒙的概念表示反感的女性，她们认为这有损人类的形象。

一直到 1967 年，社会舆论才逐渐平息，避孕药的使用也变得合法。

---

① GAUVAIN-PICARD A. , MEINIER M. , 1993, *La Douleur de l'enfant*, Calmann-Lévy.

② ANNEQUIN D. , 1997, «Le paradoxe français de la codéine, et Bibliographie sur la douleur des nouveau-nés», *in: La Lettre de PERIADOL*, no4, novembre.

③ 法国国家农业科学研究院（Institut national de la recherche agricole）。

在这种新的社会背景下，妇女对生育问题的掌控具有了女性主义革命意义。因为不再被强制要求生育，妇女们得以解放思想并寻求自我的发展。

三十年后，避孕药所代表的含义又发生了改变，它开始成为妈妈和她青春期女儿谈论的话题。而在这种情况下，避孕药也变成母亲强势的象征。女孩们会抱怨："我的妈妈总想控制一切，甚至会干预我的私生活。"拒绝服用避孕药这一行为标志着少女们对独立的探索与追求以及对专制母亲进行的反抗，这也就解释了为何青少年堕胎人数并没有下降。降低这一数值的关键在于赋予避孕药另外的含义，由对孩子而言并非处于权威地位的人提出，比如姐姐、前辈、护士或者密友。

一颗小小的避孕药因为人际关系和社会背景的改变，会被赋予不同的意义：在五十年代，它代表"妇女如同牲畜"；七十年代，它表明"妇女成了革命者"；而到了千禧年，它成了"母亲专制而强势"的象征。

胎儿是如何学会跳舞的

让我们以这种方式来看待重新被定义的"气质"的概念。如果我们认为环境决定了事物、行为或者词语被赋予的含义，那么在这种情况下，"气质"也有它特定的意义。

气质当然首先确立了人们的行为，但它更解释了采取行为的方式，即每个人如何在自己所处的环境中立足。这是一种为人处世的风格，从人刚出生的时候就已经被定型。一些对孩子的发展起到决定性作用的生物学因素同时受到了环境的影响，由此展现出另外的表现形式。这种环境的影响主要是由孩子周围的人造成的，他们的行为在潜移默化中影响着孩子的成长。尤其令人惊讶的是父母的行为方式对孩子产生的深远影响：如果父母认为孩子是一种需要驯养的小动物，那么他们做出的行为举止以及对孩子说的话都是出于驯化的目的；相反，如果父母因为自身在童年受到的约束而感到不幸，他们就不会对孩子严加管束，而孩子成长的环境也会截然不同。由此可见，父母的情感世界通过自身的经历进行塑造，影响他们对待孩子的方式，从而造就了孩子所处的成长环境。

从孕期最后几周开始，胎儿不再仅仅是被动接受外界的信息，而是主动地在其生长环境中寻求依赖。因此对于气质的分析，应该考虑到婴儿早期与外界互动的情况。此时他已经具有一定的感知力，因此会被周围事物所影响，而孩子所处的生活环境主要是由其父母营造的，他们自身的经历决定了对待孩子的方式。

这种全新的对于气质的认识可能令人感到惊讶，因为它将生物遗传和个人经历这两种毫不相干的内容联系了起来。如果用一句话来简单概括，那就是：除了把孩子生下来，还需要带他来到这个世界①。

“把孩子生下来”指的是生物学意义上交配、怀孕和生产的过程。“带他来到这个世界”意味着成年人需要为孩子提供情感支持，令其在成长过程中有所依赖，并且得以发展自身的复原力。通过这种方式，我们得以了解孩子不同阶段的变化，以及早期互动对其气质塑造的影响。

没有人会想到，婴儿从出生的那天开始就在书写属于自己的人生故事。“胎儿阶段并不是这个故事的序幕，而是第一章节。在这个阶段，自恋的状态也会萌芽。②”然而这个故事起源于遗传，开始于细胞和器官长成之后，在这一点上，它并不具有故事性可言。近年来，科技的发展使得我们能够通过诸如超声波等技术观察到胎儿在孕期最后几周表现出来的个性化的行为反应。弗洛伊德（Freud）在上世纪初就提出了相关的猜测，

---

① DARU M. -P., 1999, *Collège méditerranéen des libertés*, Toulon.

② SOULÉ M., *in*: Journées COHEN-SOLAL J., *Les Différences à la naissance*, Paris, 6 juin 1998.

但直到最近才得到证实："胎儿在子宫内的反应与其幼儿期的表现有着紧密联系，即使是在出生后，曾经的环境对它仍会产生持续影响。①"

如今的超声检查证实孕期的最后几周确实是一个新生命开始的阶段②。通过这一技术，我们能够了解胎儿在子宫内的生活状态。

胎儿的感官在子宫内的发展已相当完善③。从第七周开始，触觉令其能够与母体进行交流。到第十一周，味觉和嗅觉也开始工作，孩子得以辨别出羊水中因为母亲吃的东西或者呼吸的气体而产生的不同味道④。怀孕满二十四周后，外界的声音会使得母亲的身体震颤，进而触动胎儿的头部⑤。孩子对此也会进行反应，常见的表现是胎动、胎心加速或者姿势变换。弗洛伊德的猜想得到了证实：胎儿出生以后，它在母亲子宫内被观察到的行为方式仍会延续。然而，这些习得的行为并不会持续很久，因为其他因素的介入会慢慢塑造新的行为模式。

对于胎儿在子宫内精神生活的假设曾引起相当多的关注和争议。如今，对于胎儿的观察更像是一种仪式：母亲"只需要"坐在椅子上，根据操作人员的要求，在第二次法定超声检查时背诵一首诗歌或者简单说几句话。为了确保分析准确，记录检查情况的影像只会保留几个主要指征⑥，包括胎心加速、躯干屈伸、四肢运动、吸吮动作以及头部转动⑦。

---

① FREUD S. , 1926, *Inhibition, symptôme et angoisse*, PUF.

② SOULÉ M. , 1999, «La vie du fœtus, son étude pour comprendre la psychopathologie périnatale et les prémices de la psychosomatique», *Psychiatrie de l'enfant*, XLII, 1, p. 27–69.

③ LECANUET J. -P. , 1995, «L'éveil des sens», *Science et vie hors série*, no 190, mars, p. 124–131.

④ SCHAAL B. , 1987, «Discontinuité natale et continuité chimio-sensorielle: modèles animaux et hypothèses pour l'Homme», *in: Éthologie et naissance*, no 109, mai 1985, SPPO (Société de prophylaxie obstétricale).

⑤ CYRULNIK B. , 1989, *Sous le signe du lien*, Hachette.

⑥ 指征（Item）：特定环境引起的一系列行为。

⑦ MORVILLE V. , PANTALEO N. , LEBERT C. , 1999, *Observation du comportement fœtal dans les derniers mois de la grossesse*, Diplôme universitaire d'éthologie, Toulon-Var, juin.

分析表明，每个胎儿听到声音后做出的反应都不尽相同：有些会变得活跃，身手矫健，仿佛未来会成为下一个齐达内；有些喜欢用手部动作进行表达，比如摊开双手、用手托住脸颊或者像引吭高歌的歌唱家一样把手放在胸前；还有一些会吸吮大拇指进行回答；仅有少数对此无动于衷，心率没有明显变化，而且手脚仍然保持交叉的姿势①。这些小朋友也许认为，它们还需要在子宫里待上一阵，之后有的是机会可以回答那些无聊的问题。

胎儿在子宫内已经能够对外面的情况做出反应。到了孕晚期，在某些情况下，它们甚至懂得如何进行防御。比如，当接触到羊水穿刺针②时，胎儿会立刻把手缩回来；但如果医生轻轻按压母亲的腹部，孩子则会放心地贴靠在子宫内壁上。胎儿虽然在母亲的体内，但事实上，它已经与母亲建立了一些互动联系，感受到母亲的情绪变化，并会通过变化姿势或者提升心跳的方式做出回应。

当我们发现母亲的焦虑会传递给胎儿

有些人确实天赋异禀，勒内·斯皮茨就是其中之一。早在上世纪四十年代，他就开始用直接观察法和实验法对婴幼儿开展研究。通过实验，他发现面对面地和婴儿交流会让孩子露出微笑，而说话人如果转过头去或者戴着面具进行交流，那么孩子就感受不到快乐③。这些实验观察结果并不排除语言在其中起到的作用。虽然在那个年代并没有足够的

① GROOME LYNN J., 1995, « Motor Responsivity during Habituation testing of Normal Human Fetuses », *J. Perinal. Med.*, 23, p. 159–166.

② RUFO M., 2000, *Œdipe toi-même*, Anne Carrière.

③ SPITZ R., 1958 (préface d'Anna FREUD), *La Première Année de la vie de l'enfant* (*Genèse des premières relations objectales*), PUF, p. 14–15.

技术可以看到胎儿在子宫内的活动情况，但这位精神分析学家于1958年对此进行了描述，并提出“焦虑的雏形……人类思想发展的生理起源”等观点。同时他将口腔称为人体的“原始腔体[1]”，并认为嘴部的一些动作能够起到缓解焦虑的作用。五十年后，技术人员通过对胎儿的超声检查证实了这一观点：当胎儿频繁地运动嘴部时，身体反而会安静下来[2]。它已经开始尝试用嘴做出一些动作，比如舔食、咀嚼、亲吻或是说话，而这些也将是它长大以后缓解焦虑的有效方法。

在孩子还没有出生的时候，自我发展已然发生。这个阶段开始获得的短期记忆主要是感官记忆[3]。这是身体所展现出来的智慧，在接收外界信息后及时做出反应，促使孩子习得经验。

对于早产儿行为的观察可以让我们了解胎儿在七个半月大的时候，是如何习得行为，并且逐渐形成性格。早产儿出生后会被放置在暖箱里，但他们在里面的活动遵循着一定的规律。几乎所有的孩子在刚进入暖箱的时候都会表现得很躁动，直到他们和外界的环境有了接触。一些孩子在感受到这种接触后会立马安静下来。接触的形式是多种多样的，比如在活动的过程中触碰到暖箱的箱壁或是抚摸到自己的身体，抑或是来自他人的爱抚、拥抱或者说话的声音。那些天生缺乏探索精神的孩子则很少在暖箱中移动，他们中有一些很难被安抚。研究显示，乐于探索并能通过与外界接触缓解焦虑的早产儿，他们的母亲一般也是情绪稳定的人。而那些一动不动或总是哭闹的孩子的母亲则通常过得不幸福或者自己本身也容易焦虑紧张，这导致她们要么总是想着抛弃孩子，要么表

---

① SPITZ R., 1959, «La cavité primitive», *Revue française de psychanalyse*, no. XXII.

② D'ELIA A., PIGHETTI M., ACCARDO C., MINALE M., DI MEO P., 1997, «Stati comportamentali. Studio in utero», *Minerva Ginecol.*, 49, p. 85–88.

③ BADDELEY A., 1993, *La Mémoire humaine. Théorie et pratique*, Presses universitaires de Grenoble, p. 22–47.

现得对孩子关心过度[1]。

那么，孕妇的精神状况是否会对孩子的心理状态和行为特点产生影响？针对这个问题，如果不具体说明遗传的可能性，孩子表现出与母亲相似的精神状况看起来就像是一种通灵现象。然而，当我们将精神分析学家的研究[2]与产科医生的观察结果结合起来进行分析，就不难发现母亲怀孕时的心理状态确实会影响孩子的行为习得。

孕期虽比不上生病的时候来得痛苦，但怀孕对女性而言仍然是个不小的考验。随着科技的进步，对孕妇各方面指标的监测日趋完善，但统计显示“仅有33%的孕妇在心理上是健康的，10%存在明显的情绪障碍问题，25%患有相关病症，而27%因为既往病史而在孕期感到焦虑[3]”。

心理表征将分娩带来的快乐或造成的痛苦在孕妇的内心深处通过图片和文字的形式进行呈现，从而决定了孕妇内心的状态是轻松愉悦还是郁郁寡欢。情感因素和社会文化背景会赋予同一件事以不同的含义。如果这名孕妇怀的是她所厌恶的男人的孩子，或者重蹈自己母亲覆辙这件事唤起童年痛苦的回忆，她的内心将会充满痛苦。然而，她体内由此产生的压力很容易就通过胎盘传递给孩子，那些负面情绪会在胎儿周围营造出一个相应的情感环境。这再一次说明源于母亲自身经历而产生的内在表征决定了孩子所处的不同形式的情感环境。

当外界对新生儿的刺激顺应其自身成长的节奏，孩子就会由此习得一些缓解焦虑的行为。但是，如果孩子那不幸的母亲对其不闻不问或者

---

① MARCHAL G., RESPLANDIN M. -J., 1999, *Acquisition de compétences de recherche d'apaisement chez les bébés prématurés placés en couveuse*. Diplôme universitaire d'éthologie, Toulon, Var.

② BYDLOWSKY M., 1998, *Existe-t-il des corrélations entre les «contenus psychiques» de la femme enceinte et l'état psycho-comportemental du nouveau-né* ? Journées COHEN-SOLAL J., Paris, 6 juin 1998.

③ *Ibid*.

向他传递了太多负面能量，那么他会因此变得对一切无动于衷甚至发生精神错乱。

因此，母亲自身的经历、她过去或现在正在发展的情感关系会对孩子的气质特征产生影响，无论这个孩子是尚未出世还是刚刚出生。在睁开眼第一次感受这个世界之前，孩子的感官能力已然发展成型，他将在此基础上继续成长。

把孩子生下来以后，还需要带他来到这个世界

通过母亲和孩子互动情况的分析，也许可以对促使孩子形成自身气质的最初原因一探究竟。为此，我们需要观察新生儿的行为（比如皱眉头）和母亲对此的解读（“他脾气不好”或者“他觉得不舒服”），以及她的回应（“我要去教训他!”或者“可怜的孩子，我要去帮帮他!”）。孩子根据母亲的反应也会做出相应的反馈（哭泣或者微笑）。

弗洛伊德将观察到的孩子进行卷轴线圈游戏时的表现，与孩子的心理表征联系起来，并对此做出分析。当卷轴被扔出去，线圈越滚越远，孩子表现出惊讶；当线圈被收回来后，孩子又会露出微笑……他因此认为：“通过不断地重复这两个动作，孩子会就此建立起足够的信心。”①

这种观点使得我们更能理解母亲在和她的孩子初次见面时的心理活动。孩子出生后，见到的第一面会让母亲在内心产生一种感受，而这将决定她日后以何种情感去面对自己的孩子。

毋庸置疑，孩子的性别是很重要的一个因素。一个刚刚生下孩子的女人在丈夫兴高采烈地赶来时却连声道歉：“实在对不起，我给你生了个女孩!”简单的一句话就将她二十五年以来的经历和感受展现得淋漓

① FREUD S., 1905, *Trois Essais sur la théorie de la sexualité*, Gallimard Idées, 1962.

尽致：身为女人是一种耻辱。这个尽力想要讨好丈夫的女人因此认为，生了一个女儿是对丈夫的羞辱。不难想象，这样的家庭关系由此确立，而孩子的成长环境将会是由一个自认为有罪且时刻想要弥补的母亲为其营造的。这个母亲也许会对丈夫百依百顺，以弥补自己给他造成的屈辱；也许面对这个投射了自身羞愧之情的孩子，她会从此变成一个极富责任心的母亲；或者在往后的日子里，她的一言一行都会让孩子觉得身为一个女孩是不幸的？当这个孩子还不知道自己是一个女孩的时候，其发展已经受到了限制，因为母亲对于女性的看法已经通过自身的言行对她产生了深刻的影响。

而这位母亲的丈夫在今后的日子里，面对妻子和女儿，将要决定成为怎样的父亲。根据自身对男性的认知，这位父亲也许同意妻子的观点，倘若是这样，他们的女儿会满怀羞愧地长大；也许他会试着改变妻子对女性的看法，让她和女儿变得自尊自爱，在这种情况下成长起来的孩子会感受到父母完全不同的教育方式。二十年后，这个女孩也许会说："我的妈妈一生都在通过成为一个完美太太的方式来弥补身为女人的过错。家里的男性都被伺候得很好，我的姐姐和妹妹们对此深恶痛绝。万幸的是，爸爸非常爱我们，让我们受到肯定。"或者她也会抱怨："我真讨厌我的爸爸，他并没有阻止妈妈打压我们。"

每个家庭都在上演自己的故事。在这个故事里，每一位家庭成员进行着自己的表演，而所有的表演汇聚在一起构成了属于这个家庭的风格。

有些母亲不愿意承认自己生下孩子的事实："我曾经患有非常严重的坐骨神经痛……""我长了一个纤维瘤……"她们努力证明自己无法怀孕。对于这些女性而言，怀孕具有悲剧性的含义："如果我怀了孩子，就将从此失去自己的家庭和生活。"因此，她们否认怀孕的事实，以此平息自己的焦虑和痛苦。而正是这种"鸵鸟行为"，令她们无法体会到成为母亲的感觉。

但大多数的母亲并不是这样的。当父母第一次见到自己的孩子时，他们会迫不及待地在孩子身上搜寻一些体貌特征，以证明他是这个家庭的一分子：“他的头发和爷爷一样……”“他长得真结实，和爸爸一个样……”“她的鼻子可真像妈妈……”这样的描述证明了血缘关系，同时表明这个家庭已做好准备接纳孩子成为其中的一分子。

在出生后的一段时间里，新生儿的行为特点和采取行为的“方式”越发具有个性化特征。“在其出生后的几周里，婴儿的行为风格……和行为方式……会反过来影响周围人对待他的方式。①”

新生儿面对的是父母的过去

有些父母运气很好，因为他们的孩子气质随和。这些孩子通常从一生下来就展现出规律而稳定的生物周期②。他们的父母因此能够很好地适应有了孩子的生活，而不把其视为突然闯入的捣蛋鬼。一切新鲜事物都会让孩子欢欣鼓舞，他的心情一直很好，只需要父母轻柔的抚摸就能马上安静下来。

然而好景不长。正是因为这些孩子所表现出的稳定情绪，使得他们的父母并不认为孩子的出生给生活带来了什么变化。这些父母仍然热衷曾经的社交活动，殊不知这样会影响孩子的性格发展。一个低需求的孩子容易被父母忽视，从而引起他的个性和气质的变化。相反，孩子身上发生的问题则会引起父母重视，让他们做出改变。

另一部分孩子则天生反应迟钝。面对新鲜事物，他们的第一反应就是退缩。只有当拥有足够的安全感时，这些孩子才敢于进行尝试，并开

---

① THOMAS A., CHESS S., BIRCH H. G., 1968, *Temperament and Behavior Disorders in Children*, New York University Press.

② LIEBERMAN A., 1997, *La Vie émotionnelle du tout-petit*, Odile Jacob, p.72-77.

始他们自身的发展。

如果具有这类特质的孩子生在一个氛围平和的家庭，他和父母之间的依恋会慢慢建立，孩子也会健康成长。然而，他的行为却极有可能激怒那些没有耐心的父母，他们会对孩子嚷嚷："快点，动起来！"而受到责备的孩子因为害怕，行动力会变得更加迟缓。

新生儿中约有5%的婴儿非常难带。他们喜怒无常，醒着的时候总是在发脾气，同时拒绝一切变化；而当周围的一切一成不变时，他们也会表达不满。这些孩子时刻需要安抚，让父母精疲力竭，而这种气质的形成必然受到孩子在胎儿阶段发展过程的影响。与其他行为特征一样，面对孩子的表现，父母会产生相应的认知。如果在这个阶段，父母拥有足够的来自社会和家庭的支持；或者他们生性乐观，面对孩子无尽的折磨能够一笑了之；抑或夫妻之间能够相互扶持，轮流休息调整，那么不出数月，孩子的性格就会有所改变。当他拥有了足够的安全感以后，行为也会发生变化。然而，从父母所处的环境与自身的情况来看，克服这样的困难对他们而言并非易事。

在这种情况下，父母非常容易产生情绪问题。孩子的父亲也许会感到疲惫不堪。一边是工作的压力，一边是孩子的行为问题带来的烦恼，他也许会这么想："因为这个孩子，我变得不幸，我失去了外出旅行或者继续深造的可能性。"母亲则变得痛苦焦虑，忍不住将孩子每一次夜间的哭闹和喜怒无常的性格视作对自己的一种迫害。这种情绪会令父母用糟糕的态度对待孩子，使其更加缺乏安全感而变本加厉地哭闹。

过度活跃的孩子总是热衷于闯祸。当他们学会爬行以后，就会发生各种各样的事故：比如把桌布掀翻到地上，把手指伸进诸如插座孔之类危险的地方，或者从楼梯上摔下来。等他们长大一些，周围的人会渐渐对这些孩子避而远之。上学以后，由于活动受到了限制，这些孩子无法很好地适应，这从侧面也说明了他们很难融入这个社会。然而，如果他们能够换一个环境，在农村生活或者去工厂工作，找到发挥其运动特长的方式，那么将很快被周围的人接纳。

孩子所处的文化环境在成长的初期阶段就会对气质的形成产生影响。中国家庭的氛围一般较为平和，人们的生活相对平静。在这种环境下，孩子的性格很早就会稳定下来。在美国，很多父母本身急躁又好动。他们经常丢下孩子外出；待在家里的时候又会对着孩子喋喋不休，以至于孩子被迫需要适应这种与父母相处的模式，并由此发展出一些贪吃或者贪玩的行为，通过这样的方式来弥补内心情感的缺失①。

以上因素决定了每个孩子适应社会能力的不同。婴儿与生俱来的气质特征需要与父母给予他的安全感相互作用，在此基础上形成情感发展的第一阶段。

这种发展建立在孩子与父母之间形成的三角情感关系之上。这个阶段的孩子还不能分清自己和他人的区别，对自己的认知来源于感知到的事物。孩子在他的世界里，可以体会到一个叫作“妈妈”的人带来安全感，而在其周围另外有一个叫“爸爸”的人，虽然并非一直出现，但也可以让自己感到安定。正是在这样的三角关系中，孩子形成了对周围环境的第一印象，并通过自身在这个环境中的行为开始慢慢明白自己是谁。父母的态度与想法决定了孩子情感的发展情况，因为孩子会受到父母的影响，被他们的悲欢所左右。

卡门自出生的时候就体弱多病，因为她的母亲在孕期反应很大，吃了很多苦头，最后不得不整日躺在床上休养。“当看到这个孩子的时候，我心里希望她不要长大。”这位母亲如是说。就在卡门出生的时候，她

① KAGAN J. , 1979, « Overview: Perspectives on Human Infancy », *in*: OSOFSKY J. D. (éd.), *Handbook of Infant Development*, New York, Wisey.

的父亲濒临破产。事实上，卡门的母亲拥有良好的教育背景，而丈夫的条件比她差得多。创业获得的成功使丈夫感到自己终于可以和妻子平起平坐，然而即将破产的事实再次令他陷入一种不平等的夫妻关系中。因为体弱的妻子无法很好地照顾刚出生的孩子，这位丈夫便承担起了这份重任，由此建立起一种新的平衡关系。周围的人都忍不住夸赞："他真是个好爸爸！虽然自己遭遇了财务危机，但是他仍然尽心尽力帮助太太照顾孩子。"然而，对于妻子而言，丈夫的所作所为仿佛在责怪她："你甚至连照顾孩子都做不到。让你看看我是怎么做的，你只要照顾好自己就行了！"她觉得是这个孩子把丈夫从自己身边抢走，并且让自己显得非常无能。这位母亲因此对孩子产生了敌意，这让她非常惊讶。"不知道为什么，我的第一个孩子吕西安非常好带，他让我充满信心。但卡门却令我时常有一种无能为力的感觉。"

在父母与孩子形成的三角关系中，每天都发生着不同的故事。它们构成了孩子生活的环境，在他的记忆中留下印记。伴随着孩子气质的形成，这种关系变得日益稳固。

关于这种关系的形成，我们可以通过一些例子来加以说明和分析。曾经有一位女士这样对我说："我不想要孩子，生下孩子完全是为了我的丈夫。然而在看到孩子的一刹那，他头也不回地走了，所幸值班护士把他拦住了……从此，一切都变了，我很想让这个孩子消失，但遭到了丈夫的阻止。"二十年后，这位丈夫又一次选择了离开，而这一次，抛下妻子和女儿的他再也没有回来。如果说当年是为了逃避妻子，那么这一次，妻子和女儿一起成了这个男人想要离开的理由。

另一位女士告诉我："生下孩子后的第一天，我感觉一切都很美好。但一回到家我就意识到，有了这个孩子以后，自己将再也无法离开丈夫。所以对这个孩子，我只喜欢了没几天。"十年后，在这位母亲的家里到处可以看到女儿的画作，表达的都是对妈妈的喜爱和依赖。

“我的女儿玛丽埃塔总是喜欢贬低我。还是个婴儿的时候，她就拒绝接受我的母乳，但是非常喜欢躺在爸爸的怀里用奶瓶喝奶。我为此感到非常嫉妒，因为我无法接近她。”如今，长大以后的玛丽埃塔时刻都在寻找羞辱母亲的机会。

“我希望我的孩子只属于我一个人。我讨厌男人，最大的愿望就是和女儿一直待在一起，过只有我们两个人的生活。”五年后，这种母女关系开始走向极端：母亲会因为女儿感冒而悲伤痛哭，女儿也会因为担心妈妈在她离开时死去而拒绝上学。

这样的例子不胜枚举。每位家庭成员不同的经历、曾经的遭遇、夫妻之间无意识的相处模式以及孩子的到来决定了在家庭剧场这个舞台所上演的故事。

而孩子成长的环境正是由这些快乐或悲伤的故事决定的。父母会将自己曾经的遭遇转嫁到孩子身上。如果用“泛灵论”的观点来说明的话，那孩子的灵魂思想来自父母过去的经历。但是，生活中随时发生的那些无法预见的事件会不断改变故事的走向，一些看起来痛苦的遭遇也许会转变为成长的力量。1923 年，在纽约花卉医院（Flower Hospital）的产房里，一位名叫伊万杰里亚的母亲在看到她的女儿后忍不住嚷嚷道：“把她带走，我不想看到她！”作为一个希腊人，背井离乡令她感到绝望。丈夫也因为生下的孩子是个女儿而感到沮丧，甚至忘记给这个新生儿进行登记。这个被称作“玛丽亚”的小女孩早年间的生活无疑是非常艰辛的，由于缺乏父母的关爱，她变得迟钝而又脆弱。然而，谁能想到，几十年后，她成了伟大的歌剧女王玛丽亚·卡拉斯（Maria Callas），凭借自己的才华和魅力书写了歌剧界的传奇①。

自身的不幸经历导致玛丽亚的父母对她不闻不问，而这种情感的缺

① ALLEGRI R.，1995，*La Véritable Histoire de Maria Callas*，Belfond.

失使得玛丽亚只能通过暴饮暴食来进行补偿。但在她接触到歌剧之后，这种缺失得以通过其他方式被补偿，也令她下定决心将歌剧作为自己的事业，并为此减肥。

婴儿和父母一起营造的三角关系是他的生活环境

如今，我们不再倾向于用单向的因果关系以及不可逆的特征来解释和描述疾病。“这个孩子得了强迫症，是因为在八个月大的时候，妈妈非常粗暴地强行让他用便盆上厕所。”当我们听到这样的描述时，不自觉地会认为这个问题背后存在着一系列的原因：“面对母亲时，显然这个八个月大的孩子已经形成了一种气质，因为他的行为表达了自己的反抗。父亲的缺位导致了孩子除了母亲以外没有其他可以依恋的对象，所以他被迫忍受母亲粗暴的教育方式。因此，孩子只能通过拒绝上厕所的行为来表示对母亲的反抗。”

这种系统性的推断让我们在观察婴儿和父母之间互动的同时，能够将其与父母自身的经历联系起来，从而理解他们对待孩子的方式。

每个家庭内部的关系会在孩子的周围形成一种磁场，对他的发展产生影响。虽然每个家庭风格不同，但都可以归类到由伊丽莎白·菲瓦兹（Élisabeth Fivaz）和安托瓦内特·科尔博兹（Antoinette Corboz）提出的四种家庭关系，即合作型、压力型、专制型和无序型[①]。

半个多世纪以来，我们都在强调母亲和孩子之间关系的重要性，而现在应该在此基础上重视对父亲影响的相关研究。上述两位学者认为家庭是一个功能整体，每一位成员的行为都会引起其他人相应的反馈。因

① FIVAZ-DEPEURSINGE E., CORBOZ-WARNERY A., 1999, *The Primary triangle. A Developmental Systems View of Mothers, Fathers, and Infants*, Basic Behavioural Science, New York Basic Books, p. 33-53.

此，家庭的三角关系成了每个人成长的自然环境。小马驹或者小羊羔在出生后接触到母亲的身体，通过对此做出反应来实现自身的发展，因为这种身体的接触可以让它们学习如何生存。但是人类从出生后的第三个月甚至第二个月开始就渐渐减少了和母亲的身体接触。婴儿会将目光投向更远的地方，与此同时，他已经置身于家庭的三角关系中。在这里，所有他看到的东西同样也被其他人观察着。这样一来，一切都会发生改变：他可以拒绝吸吮母乳，而选择在父亲的臂弯里开心地用奶瓶喝奶；甚至当他在母亲怀里吸吮母乳的时候，父亲是否在场也会影响到孩子的情绪。

在合作型家庭中，每位成员都与其他两位进行互动，并通过表情、语言或者肢体动作做出相应的回复。

身处这种家庭关系中的孩子往往会表现出随和的气质。迈克是一个三个月大的婴儿，很容易相处。每次喝完奶后，妈妈都会逗逗他，轻轻地抚摸他，并和他说话，而迈克也会通过细微的面部表情和发出的咿呀声予以回应。通常情况下，当孩子不想再进行互动时，他会给出一些信号，比如转过头去、不再微笑、停止发出声音。母亲也会敏锐地捕捉到这一变化，并对此进行解读："嘿，宝贝，你可别哭呀！"她会担忧地看向自己的丈夫，而这个时候孩子的父亲会抱起他说："快告诉爸爸你有什么烦恼！"然后吐着舌头逗孩子玩。这种环境的变化会吸引迈克，让他很快平静下来，重新展露微笑①。

这个家庭的三角关系非常和谐的原因在于夫妻关系十分融洽。在深入了解之后，我们可以推测这对夫妻一起经历的过去让他们将这个孩子视作幸福的象征。他们的爱情开花结果，双方彼此成就。因此，当孩子

---

① FIVAZ-DEPEURSINGE E., CORBOZ-WARNERY A., *1999*, *The Primary triangle. A Developmental Systems View of Mothers, Fathers, and Infants*, Basic Behavioural Science, New York Basic Books, p. 36

迈克因为持续的互动感到疲惫而忍不住想哭的时候，孩子的妈妈仅仅是看了一眼丈夫就让他明白自己需要帮助，而丈夫也欣然伸出援手。夫妻的亲密合作使得孩子的负面情绪很容易就被化解了。这种良好的家庭关系是基于夫妻深厚的感情，它不断发展，使得夫妻在面对生活中的困难时能够互帮互助、同舟共济。

有时，夫妻双方的关系比较紧张，那么家庭成员的互动就会呈现出另一种形式。当小南希做出一些反抗的行为时，她的母亲没有意识到自己的丈夫想要帮忙，所以尝试一个人解决问题。在这种情况下母亲需要花更多的时间来安抚孩子，并且通常双方都会觉得很痛苦。南希的妈妈为何不让丈夫参与进来？而她的丈夫明明可以伸出援手，又为何选择置身事外？也许只有深入了解这对夫妻背后的故事，我们才能找到答案。但毋庸置疑的是，他们的孩子日后将面对一种相对压抑的家庭关系：妈妈总是神经高度紧张，而爸爸一直退居二线甚至缺位。

在有些家庭中，成员之间会形成统一战线，这种情况下家庭关系的发展是以伤害被排除在外的成员为前提的。让我们来观察一下小弗兰基所处的家庭三角关系：母亲用对待成年人的方式来和他相处，因此虽然自己受到母亲的照顾比父亲的多得多，但弗兰基更喜欢父亲，总是看着他咿咿呀呀个不停。在和弗兰基父亲的沟通中，我们了解到，孩子的表现让这位父亲觉得自己和妻子处在了一种竞争关系之中，而这并没有令他感到不适。相反，他认为妻子应该负责照顾孩子，而自己只需要赢得孩子的喜爱。因此，这位父亲越来越少地参与对孩子的照顾，以此凸显自己在和妻子竞争中的胜利地位。

小丑爸爸和喜剧人孩子

很明显，母亲对待孩子的方式是由她自己的认知和过去的经历决定的。比如当她选择用和成年人说话的方式来和自己三个月大的孩子进行沟通，背后的原因是她不希望孩子由于年纪小而受到轻视。但是，这种做法本身就是矛盾的：作为父母，我们应该选择顺应孩子发展的方式对其进行培养。如果父母在和新生儿说话时能够运用夸张的肢体动作和语音语调，这种沟通方式会向孩子释放强有力的信号，吸引他的注意力，让他与父母维持三到四分钟的互动交流。而当父母把孩子当成一个正常的成年人一样交流时，不到一分钟孩子就会对此丧失兴趣。这就是喜剧小丑深得孩子们喜爱的原因。通过夸张的表情、强烈的色彩、奇怪的服饰、丰富的肢体动作和令人捧腹的搞怪音调，这些喜剧小丑向孩子们释放出了强烈的信号，而对孩子来说，这远比那些成年人看来见解独特的高谈阔论要有趣得多。

在亲子互动中，孩子本身也会激发父母的反应。很难想象婴儿有时无意中动了一下嘴唇就会令看到这个举动的人激动好一阵子。通过对快乐情绪的表达，孩子会引起周围人的一些反应，而这些反馈会反过来重塑其所处的感官环境。容易哭闹和性格温顺的孩子为自己营造的情感环境是截然不同的①。引发这种区别的根本原因在于观察到孩子情绪的成年人在进行解读的时候会加入自己的认知。比如当他看到孩子哭闹不止时，也许并不会反感，反而会心生怜惜："可怜的孩子，我得帮帮他！如果通过我的帮助，他能安静下来，这将令我非常欣慰。"有人则会产生完全不同的想法："我再也受不了了！这个孩子一直哭，真令人生气，这让我觉得自己为他所做的一切都被否定了。"对情绪的不同解读引发了不同的对待孩子的方式，或温柔或敌对，而孩子也会对此做出反应。假设有这样一个婴儿，他很喜欢被人抚摸，时常在寻求旁人的爱抚、亲

① POWER T. G., HILDERBRANDT K. A., FITZGERALD H. E., 1982, « Adult's Responses to Infant Varying Facial Expressions and Perceived Attractiveness », *Infant Behavior and Development*, 5, p. 33-40.

吻或者拥抱。有些父母会这样解读他的行为："孩子会撒娇可太重要了！我非常享受他冲着我撒娇，这让我心生温柔。而且这样的孩子很容易被安抚。"而另一些人对此则会有完全不同的看法："这个孩子这么做是为了引起我的注意。他试图操纵我，让我围着他转。他把我当成什么了？"父母由此所做出的举动、表达的态度以及说出的话语会在孩子周围形成一个感官环境，从而与其建立不同的联系。在第一种父母的教育下，孩子慢慢会认为"感情可以平息所有的冲突"；而面对第二种父母，他也许会感到"我越是向别人表达爱意，他们越是会拒绝我"。同样的气质特征在不同的家庭会有不同的解读，而在同一个家庭中，父母对待不同孩子的方式也会有所区别，因此有的孩子成长得越发坚韧，而另一些却变得敏感脆弱。这种分析可以解释为何有些母亲对新生儿很冷漠，却对其他几个孩子关爱有加。这同样适用于解释父亲、兄弟姐妹甚至是相关机构对待孩子的方式。一个寄养家庭虽然由不同的家庭成员构成，但它具备一种专属的"性格"，家庭的构造和制定的规则是这种"性格"具象的体现形式。孩子同样的行为在有些家庭会被欣然接受，而在另一些家庭中则会被明令禁止。

尽管在成长过程中，孩子会接触到很多人，行为也会发生很多变化，但他的改变并非永无止境。相反，在孩子很小的时候，我们就能看出他是什么样的性格，甚至能够分析出他长大后会以怎样的方式去面对和解决生活中的问题。

古典心理学认为气质和性格是一个人的两个组成部分，很难将它们区分开来。让我们姑且认为气质是个性中由遗传和生物因素组成的部分，它很快就能转变为充满个人特质的性格，像其他能力一样被习得①。

① PELISSOLO A., 2000, «Utilisation du questionnaire de personnalité», TCI, *Act. Méd. Int. Psychiatrie*, 17, no 1, p. 15-18.

因此，依恋关系应当被看作一个由参与这种互动中的所有成员一同构建的行为系统。作为这种关系的共建者之一，孩子在其中展露气质和行为方式，由此构建他赖以生存的环境。而因为有了孩子，父母也得以通过这种关系续写他们人生下一篇章的故事。成员之间互相适应和配合，从而形成属于这个家庭的鲜明个性。

当胎儿开始出现冲动的情绪或者感觉，它的机体具备了建立表征以及回忆过去的能力，孩子就会被其所处环境的特点所吸引。它会由此展开探索，并且进行吸收。从这个时候起，孩子的精神世界开始发展，通过一种它偏好的处理和应答信息的方式被构建起来[①]。这种方式被称为内部工作模式[②]（MOI），而这种偏好其实是由环境造成的，它是一种习得的短时记忆。当婴儿开始产生心理活动时，他会优先学习一些内容，而这其实是在环境潜移默化影响下的选择。

如果我们认可“感知到的感觉环境”这种表述，明白孩子的感觉主要受到父母对其做出的行为影响，而这些行为因为父母自身的经历被赋予了相应的意义，那么我们就能通过观察孩子的种种表现推断出他的气质是如何形成的。面对身处的环境，孩子最先能够感知到的就是别人针对他所做出的动作以及环境中突出呈现的物品。换句话说，这些动作和物品之所以与众不同，是因为它们与父母的经历密不可分。孩子的神经精神发育过程需要经历几个阶段：在胚胎时期，它会先对一些感知到的变化做出反应（比如针刺、按压或者低频噪音）；随后胚胎发育成胎儿，它开始学习一些生物学意义上的表征方式（比如对于图像、声音或者气味的记忆）；最后一个阶段是当孩子学会说话以后，他渐渐开始明白别人所说的话的含义。从这个阶段开始，简单的一句话就能让他感

① BOWLBY J., 1969, «Attachment and loss», vol. 1, *Attachment*, New York, Basic Books.

② BRETHERTON I., 1992, «The Origins of Attachment Theory: John Bowlby and Mary Ainsworth», *Developmental Psychology*, 28, p. 759-775.

到悲伤或者快乐，比如“妈妈不要你了！”或者“别哭了，妈妈马上就回来了”。

爱我吧，让我有勇气可以离开你

当我们由此进行对依恋关系发展的研究时，就可以明白为何孩子的成长总是绕不开父母自身的问题所产生的限制。从父母身上感知到并发展起来的感受印刻在孩子的记忆中，成了支持其日后发展的重要力量。

相关理念的发展不免令人好奇。在上世纪四十年代，精神分析学家勒内·斯皮茨和约翰·鲍比的观点与鸟类学家尼可拉斯·丁伯根（Nikolaas Tinbergen）和灵长类动物学家约翰·哈洛（John Harlow）的研究结果有着“惊人的相似之处①”。他们都认为言语所带来的亲密情感关系并不会受到环境的影响，哪怕研究者在实验过程中一直在进行近距离的观察，并持续做出调整以获得实验结果。尼可拉斯·丁伯根设计了一个实验，用纸板做成的诱饵成功地引诱小海鸥啄食，而勒内·斯皮茨则是凭借造型面具逗笑了小婴儿。这两位学者同时还提出：生命体需要发展依恋关系才能成长，如果所处的环境中缺乏关爱，则会导致其停止发育。早在1940年，玛丽·爱因斯沃斯（Mary Ainsworth）就在她的论文中指出：“依恋对象给予孩子探索外界所需要的安全感②。”在伦敦与约翰·鲍比一起工作了几年后，她得以在乌干达开展相关实验，进一步证实了这一理论。同时，个体之间表现出的差异令她感到非常惊讶：

---

① ZAZZO R., 1979, *L'Attachement. Colloque imaginaire*, Delachaux et Niestlé.

② PARENT S., SAUCIER J. -F., 1999, «La théorie de l'attachement», *in*: HABIMANA E., ETHEIR L. S., PETOT D., TOUSIGNANT M., *Psychopathologie de l'enfant et de l'adolescent*, Montréal, Gaétan Morin, p. 36.

每个孩子从母亲那里获取安全感以探索外界的方式不尽相同①。

依恋对象（可以是孩子的母亲、父亲或其他任何经常照顾孩子的人）除了对孩子进行保护，还能够帮助其在情感培养的过程中形成自己的风格，同时引导学习偏好②。

孩子与母亲之间螺旋式发展的互动关系从他刚生下来的时候就开始运行：他会在母亲的身上寻找所需要的感官信息（比如气味、眼神的亮度以及声音的低频振动等），以建立一种熟悉感。一旦孩子产生了安全感，他就会开始探索外界。但是探索的方式取决于母亲如何回应他对于建立熟悉感的这种诉求。

在不到三个月的时间里，婴儿的行为趋于稳定，这将决定他“如何”建立关系，并且为日后更好地平衡自己情感生活的发展寻找相应的让内心平静或者头脑兴奋的方法。大概一岁左右，孩子的性格基本形成，由情绪引发的各种行为开始变得有迹可循。通过这些行为，孩子可以表达悲伤或者平静的情绪，也可以展现对陌生人的喜爱或者拒绝，甚至有时对不喜欢的人还会进行攻击。不出几个月，原本只能通过感官了解这个世界的新生儿已经成了家庭三角关系的共建者，而这也将彻底改变他的行为方式。

设想一下：如果一个人独自在沙漠里，当他看到一杯水时，会想：“如果渴了，我就喝水。”但只要有第三个人在场，那他就不得不在对方的注视下喝这杯水。他的情绪将由此产生根本性的变化，原本通过喝水获得的快乐将会掺杂悲伤的情绪，因为这种快乐是建立在其他人即将渴死的现实情况之上的。独自一人时，只需要对外界的刺激做出反应。但

---

① AINSWORTH M. D. S., 1967, *Infancy in Uganda: Infant Care and the growth of Love*, Baltimore, Johns Hopkins Press.

② SROUFE L. A., 1985, «Attachment Classification from the Perspective of Infant-Caregiver Relationship and Infant Temperament», *Child Development*, 56, p. 1-14.

在三角关系中，人们面对的是表征，所做的反应也是针对这种表征而进行的。也就是说，任何在依恋三角关系中成长的婴儿，体会到的情绪不仅是由感知到的事物引起的，也会通过产生的表征激发。

刚过一岁，我们就会逐渐弱化自己所感知到的世界，转而开始构建内心世界，在其中将各种情绪、想法和意图赋予他人。

构建爱的方式

在这个阶段，我们可以观察甚至推断出孩子的气质是如何形成的。玛丽·爱因斯沃斯设计的一个实验让我们得以评估早期依恋关系的“形式”。

这个实验的观察对象为十二至十八个月大的孩子，目的在于了解他们在母亲离开时为了缓解焦虑情绪所作出的应对行为，以及在重新见到母亲以后的反应。这个实验由八个部分构成，每个部分持续一至三分钟：1. 首先，让孩子与他的依恋对象待在一起（可以是其母亲、父亲或者熟悉的人）；2. 母亲离开；3. 安排一个陌生人接近孩子；4. 母亲重新回到孩子身边。

然后，重复上述四个步骤。假设在第一次完整经历过这四个步骤之后，孩子已经明白母亲离开后会再次回到他身边，那么在这个过程中，他的内心会产生以下变化：安全—分离—陌生—重聚。在此基础上明确了四种类型的依恋关系：安全型、回避型、矛盾型和混乱型①。

安全型依恋关系②最为常见（约占 65%），而且它并不受限于文化

---

① 基于 Mary AINSWORTH 的观察，由 MAIN M. 进行修改，1996，« Introduction to the Special Section on Attachment and Psychopathology：Overview of the Field of Attachment »，*Journal of Consulting on Clinical Psychology*，64，p. 237–245。

② 令人感到安全的依恋关系指爱的行为带来安全感，但事实并非总是如此。而来自英语的表达“安全型依恋”（attachement sécure）是指依恋关系令人获得分离的勇气。因此，依恋对象能够充当安全基地。

背景。在这种关系中，孩子能够从熟悉的人身上获得足够的安全感，敢于离开母亲去探索外界，并且在回到母亲身边后乐于向其展示自己在探索过程中的收获。当他第一次和母亲分离时，安全型孩子就会找到缓解焦虑情绪的方法。他可能会慢慢靠近进门的地方，集中注意力观察在此期间发现的新鲜事物，或者尝试接受陌生人的安抚。而一旦母亲再次回来，孩子就会迫切地冲向她，对她撒娇或者冲她微笑，以展示自己在分离时的优异表现。

回避型依恋关系（约占 20%）则揭示了情感发展的另一种方式。当孩子和母亲在一起时，他也会玩耍并探索外界，但不会和母亲进行互动。当母亲“消失”时，孩子的不安情绪很难平息。然而，当母亲再次出现，孩子也不会立刻冲向她以寻求安全感，他可能最多只会将目光放在母亲身边出现的玩具上。

在矛盾型依恋关系（约占 15%）中，当母亲在场时，孩子对外界并没有很强的探索欲。然而母亲如果不见了，他会非常痛苦。甚至在母亲回来以后，他的情绪也无法平复。

至于混乱型依恋关系（约占 5%①），它用来形容那些无法平复焦虑或者探索外界的孩子所处的情感状态。当母亲在场时，这些孩子并不知道如何借此获得安全感；而在母亲消失后又出现时，他们也无法平静下来。对于这一小部分孩子而言，情感策略是非常陌生的概念。这体现在当他们再次见到消失的母亲时，会一动不动，有时会挣扎着不愿意靠近，更有甚者会通过击打或者咬人的方式攻击他们的母亲。

到了一岁，孩子已经展现出和他人相处的风格，这将会确立其寻求关爱的方式。

---

① 这些类别是描述性的，而非数学性的，所以总数为 105%。受到 Mary AINSWORTH 的启发，这一描述中存在重叠的边界区域。

由此可见，在安全型依恋关系中，孩子已经获得了一种内在的力量。在十二个月大的时候，他已经明白了如何通过母亲的帮助来开展自己的探索，并与之分享成功以后的喜悦。当母亲“消失”时，安全型孩子知道怎样可以寻找到替代品。他也许会找一个毛绒玩具，将其作为母亲离开时自己安全感的来源；或者慢慢接近身边的陌生人，试图与其建立一种新的安全依恋。

在回避型依恋关系中，母亲并没有成为孩子首选的依恋对象。即便她和孩子在一起，他们之间也不会有过多的交流。因此，孩子在完成每一次新的探索之后也不会急着去和母亲分享自己的成果。这也就是为什么在这种关系下，母亲的离开虽然会令孩子痛苦，但当她再次出现后，孩子也不会感到极大的喜悦。回避型孩子尚未获得内在力量，因而当母亲消失时，他并不能寻找到带来安全感的替代品，或者转向陌生人建立新的情感联系。

在矛盾型依恋关系中，孩子们通常缺乏探索欲并且难以被安抚。他们只有通过表达痛苦这种方式才能逐渐与他人建立联系，从而获得帮助。在没有痛苦的情况下，他们不会有任何变化。当痛苦产生时，这些孩子才会被关注，并得到关爱。

最后，处在混乱型依恋关系中的孩子会完全迷失方向。在出生后的十二至十八个月里，他并没有掌握任何寻求关爱或者对抗痛苦的方法。他在母亲这里能得到安慰，却也时常害怕会失去。混乱型孩子不知道如何从母亲身上找寻安全感，同时也不会与陌生人建立联系或者寻找一个寄托情感的物品。他甚至不明白可以通过一些身体动作获得安全感——通常而言，因为孩子对自己的身体非常熟悉，他们在做一些突出身体感受的动作时会感到安全，比如轻轻摇晃、入睡前重复性的怪异动作或者吸吮拇指。然而成年人并不能理解这些奇怪的动作所代表的含义。混乱型孩子经常一动不动，眼神飘忽不定且会没来由地哭喊，但周围的人并不能理解这些行为的含义，所以对此感到奇怪，对于如何照顾这样的孩子也感到非常迷茫。

关于爱的方式的起源

当我们从更加全面而非局限的角度来进行分析，就能够明白引起孩子不同行为的原因是多种多样的。

而问题的根源可能在孩子自己身上，也可能是因为生物遗传。当然，父母对孩子成长的影响也很大，他们之间的互动形成了一种依恋关系，这是基于他们对此的感受而发展起来的。我想到曾经有一位父亲在面对自己患有三体综合征的孩子时展现出无限的柔情。当他看到这个可怜的孩子表现出的善良、可爱和笨拙的样子，会忍不住心生怜爱想要让孩子变得幸福。也许因为曾经的经历，这位父亲非常具有奉献精神，而孩子的出生缺陷正好给了他这个机会。他们因此一拍即合，建立了良好的依恋关系，父亲甚至为了能够更好地照顾孩子而放弃了自己的工作。然而，孩子的母亲却因为他患病而郁郁寡欢，并且对丈夫心甘情愿为孩子做出牺牲的举动心生不满。在由此形成的家庭三角关系中，母亲会被视作恶毒的女巫，而父亲则是善良的天使。但事实上，这并不公平，因为工作早已令他感到厌烦，父亲是欣然做出“回归家庭”这个决定的。而母亲则需要承担养家的责任，每天至少工作十四个小时，却并不被家庭成员所喜爱。

在上述例子中，孩子的先天性疾病在最开始对家庭关系产生了负面影响，而社会舆论对家庭三角关系的发展也会起到重要作用。我前面提到过莱施-奈恩综合征，其产生的原因是由于基因缺陷造成尿酸无法分解。罹患这一疾病的孩子变得非常暴躁，会咬人，也会自残。那些对遗传疾病不甚了解的社会福利机构热衷于追寻儿童受到虐待的线索。他们会急着想要来解救这个患病的孩子，指责父母对其实施虐待。另外一个极具说服力的例子便是玻璃骨症。患有这种疾病的孩子不小心打个喷嚏都会骨折，而一些放射科医生却借此断定孩子的父母对其施虐，并强加指责①。

当亲子关系出现裂缝时，要求父母或者子女做出改变当然可以改善关系，但更为有效的方式是请第三方介入。假设一位母亲认为孩子的行为怪异，将其视作自己的一个大麻烦，那么她会倾向于寻求专业人士的帮助，请他们来照顾孩子。这些人可能是医生、老师或者能够调解关系的人。这种情况下，如果没有第三方的介入，孩子受到虐待的风险就会增加，而来自他人的帮助会让母亲对孩子的反应也发生改变。

对于十二到十八个月大的婴儿所形成的四种依恋关系类型的描述揭示了情感构建的底层特征。它们虽然被定型，却并非一成不变，会因为一些事件而发生变化。比如当患病的孩子病情好转，这种改变就会发生。以苯丙酮尿症为例：只需调整患儿的饮食，他的情况就能显著好转，而母亲的心理状态也会就此改善。这一点非常重要，因为抑郁的母亲有时会让孩子感到焦虑从而形成过度依恋②。面对这样的母亲，孩子能体会到自己身处悲伤而又寂静的氛围之中。在这种环境下，他既没有安全感，也不会被激励。这个地方让他感到不安，但同时他也不敢离开。此时，如果丈夫能够对妻子进行安抚，周围的人对她加以鼓励，或者这位母亲得以开展一项工作改善目前的状况，那么孩子也会相应发生改变。但更多的时候，抑郁的母亲会让孩子变得麻木，对一切都失去兴趣。然而，只要母亲的状况得到改善，或者有其他人愿意接近孩子并与之建立

---

① MUNNICH A., 1999, *La Rage d'espérer*, Plon.

② TETI D. M., GELFAND D. M., MESSINGER D. S., ISABELLA R., 1995, «Maternel Depression and the Quality of Early Attachment: An Examination of Infants, Prescholars and their Mothers», *Developmental Psychology*, 31, p. 364–376.

联系，那这些孩子很快就会恢复过来。他们不敢主动出击，所以需要周围成年人的帮助以发展复原力。这些孩子非常被动，不会主动寻求帮助，但当别人伸出援手时，他们会欣然接受①。

孩子在出生后十二至十八个月里所形成的气质性情、行为风格及依恋方式成为其建立各种关系的依据。它们就像在编织衣服的过程中最初的那几针，只要织紧扎牢，哪怕衣服遭到撕扯，也不会被彻底毁坏。当这个孩子在日后遭遇挫折，好比编织时掉了一针，他仍然可以找到其他修补的方法。

前文所提到的四种依恋关系类型在短期内会令受其影响的孩子形成与之对应的气质性情和行为模式。安全型孩子（约占 65%）通常发展全面且具备较强的复原力，因为面对痛苦时，他的表现会令周围的人心生怜爱并迫不及待想要施以援手。回避型孩子（约占 20%）会和想要照顾他们的人保持距离。至于矛盾型（约占 15%）和混乱型（约占 5%）孩子，旁人很难喜欢上他们，总是想要摆脱或者拒绝他们，因此这些孩子并不能很好地成长。

然而，只有在周围环境保持不变的前提下，这些依恋关系才会维持。在固化的家庭、制度或者文化中，有些标签很难撕去，既定的一些人际交往中的习惯在这种情况下只会不断强化。然而，如果环境不断变化，那么促使性格以及行为形成的因素也会持续发生改变。当婴儿渐渐长大，他对自己的生活环境越发熟悉；进入青春期以后，他开始对异性产生兴趣，这时乱伦禁忌的要求以及社会环境又会对他的依恋关系发展产生强烈影响。

我想对上述观点加以修正。前面说到：“只有在周围环境保持不变

---

① TOURETTE C.，2000，«Apprendre le monde et apprendre à en parler»，*in: Accéder au*（*x*）*langage*（*s*），Lyon，24 novembre.

的前提下，这些依恋关系才会维持。”事实上，即使环境改变了，原有的依恋关系也会继续维持，因为它们已经深深印刻在孩子的记忆中。婴儿阶段通过无意识的习得而塑造的气质使得孩子对某些物品变得敏感，并且有助于形成自己偏好的与人互动的方式。当周围环境发生改变，短暂的不适应会令孩子朝着与原来相反的方向发展。比如一个原先活泼开朗的孩子在母亲患病住院后的几天里会变得自闭，甚至开始展现出回避或者混乱的特点。而另一个孩子也许会趁此机会找到母亲的替代品或者发展出新的依恋关系。再比如一个成天哭闹的孩子突然在拥有一个弟弟或妹妹后开始变得平静，因为他们的存在令他感到安全。

这些变化令其他的一些因素得以结合并一起对影响孩子成长的周围环境产生作用。这些因素产生的原因是多元化的。当母亲因病住院，或者弟弟妹妹出生以后，孩子的感官世界会发生变化。面对新生儿，周围的人会忍不住评头论足：“第二个宝宝更可爱，他不太哭，我们可不能由着老大要性子！”或者“他们在一起可真好，会让对方平静下来”。这些对于孩子行为的解读决定了父母对待他的方式。

因此，由环境变化所引起的依恋关系类型的改变，取决于孩子已经形成的与其气质相对应的行为和周围人对于这些行为的解读之间产生的差异。这就是为什么父母社会性的变化也会改变孩子的发展轨迹。最常令孩子感到痛苦的莫过于父母之间发生冲突，但这反过来也可以让一些孩子摒弃原先淘气和幼稚的行为，变得更加有责任心。同样，父母一方因病住院后，有些孩子会为此伤心绝望，而另一些孩子则会很快成熟起来。再比如搬家这件事也许会影响孩子们的成长，因为他们无法融入新的环境；但另有一部分孩子却因此体会到了自由与解放的感觉，究其原因是他们在原来的环境中被过度保护。

因此，在一个稳定的环境中，气质决定了孩子在与他人的交往过程中会表现得非常好相处、活泼开朗抑或是很难接近。当环境或者孩子本人发生变化时，同一种依恋关系类型也许会朝不同的方向发展。

孩子的情感发展取决于母亲对亲密关系的描述

最新关于依恋关系的研究表明：早在孩子出生以前，促进其稳定发展的因素就已经初步形成，而这通常是根据母亲所设想的自己与即将出世的孩子之间的关系来决定的①。在父母自己成长的过程中，他们的内心世界早已建立，由此形成了内部工作模式，而这将会是孩子出生后所要面对的第一个成长环境。

对此，相关学者开展了实验并进行观察。一位语言学家率先通过"成年人依恋关系访谈②"对父母的内部工作模式进行评估。在访谈中，他请这些父母设想了自己和即将到来的孩子会形成怎样的依恋关系。几个月后，一位动物行为学家针对围绕新生儿所采取的互动模式开展了研究。一年以后，玛丽·爱因斯沃斯提出"陌生情境测试"③，通过这一方法评估孩子的行为风格和依恋方式，以及由此引发的周围成年人的反应。

当父母在访谈中的表达"从容而又具有自主性"，他们倾向于认为和孩子形成的依恋关系是一种连贯的合作关系："孩子哭的时候，我知道该怎么进行安抚。他可能会有些调皮，但是我会和他一起玩游戏，在这个过程中，他会慢慢变得懂事。"六个月以后，这些父母迎来了孩子，他们的言行为孩子建立了一个完整的成长环境，孩子在需要时能很快得

---

① MAIN M.，«De l'attachement à la psychopathologie»，*in: Enfance*，no 3，PUF.

② MAIN M.，KAPLAN N.，CASSIDY J.，(1985)，«Security in Infancy，Childhood and Adulthood：A Move to the Level of Representation»，*in*：BRETHERTON I. et WATERS E.（Dir.），*Growing Points of Attachment*，*Theory and Research. Monographies of the Society for Research in Child Development*，50，1-2，no 209.

③ 对 Mary AINSWORTH 试验的描述，p. 53-56。

到帮助，父母对孩子行为的解读也总是充满善意："来吧宝贝，看出来了，你正在经历巨大的悲伤呢！"父母的行为、表情和话语在孩子周围建筑了一个连贯且令他感到安心的感官世界。

一年后，成长于上述环境中的孩子在陌生情境测试中展现出的气质确认了他所身处的是一种安全型依恋关系。从母亲那里获得的安全感足以支撑孩子去探索外界。当母亲离开时，孩子会去寻找一些可以代替的物品来让自己重获安全感。这样的孩子往往很讨人喜欢，他也因此能够将周围出现的陌生人变成自己新的依恋对象。而当母亲回来以后，孩子会很高兴，并再次与其产生联结。在这个过程中，孩子经历了情感缺失以及焦虑不安的考验，但他最终成功将其转变为一种创造性的胜利。这会令其信心大增，因为他就此明白如果以后再出现这样的情况，可以寻找一个替代品或者一位新的依恋对象，让自己感到安全。这个孩子因此能够发展出更强的复原力。

当准妈妈在访谈中的表达不那么"连贯"时，往往她所说的并非记忆中的那些事："我的妈妈很伟大……她总是不在家……"六个月以后，通过对新生儿的观察可以发现这样的母亲所生下的孩子会比较难带。当母亲想要深情地把他拥在怀里的时候，孩子会因为被其他东西吸引了注意力而拒绝。但是在孩子遇到麻烦需要帮助时，母亲又往往不能及时发现甚至会弃之不顾。一岁以后，孩子会渐渐发展出一种回避型的依恋关系：当母亲离开时，他不会哭泣；遇到陌生人，他不会表现出友善；再次见到母亲时，孩子也不会感到快乐。

第三种类型的母亲会在访谈中表现得很"焦虑"。她们显得很被动，又充满恐惧，无法掌控自己的内心。这些母亲说话时大脑会出现空白，因此她们的表达总是断断续续，所表达的意思也很难被理解。她们为亲密关系感到焦虑，却并没有意识到这一点，导致通过自己的语言和行为所构建的感官世界无法满足新生儿的需求。一年以后，在这样的环境中成长的孩子会变得很难安抚，他们缺乏关照且思维发展受限，而且很容易发生意外。

最后，还有一群准妈妈因为自身的不幸，比如曾经或正在经历的丧亲之痛，抑或是令其饱受折磨的抑郁症而变得混乱。她们基于自己的痛苦为孩子构建了感官世界。这样的母亲行为捉摸不透，上一秒被强烈的依恋情感驱使，她会将孩子紧抱在怀里使自己得到安慰；而下一秒因为感到绝望和疲惫，她又会推开孩子。在她看来，孩子就像一个侵略者对她发起进攻，但事实上，孩子需要的不过是一点安全感。如果母亲能够表达清楚，一个简单的动作、一个微笑或者一句安慰的话就足以让孩子安心。因为母亲的行为而变得茫然无措的孩子无法再从别的地方获取安全感。在一岁以前，他尚未学会如何应对不可避免的分离焦虑。任何陌生人的出现都会让孩子感到痛苦，因为他会很焦虑，行为也会开始变得混乱①。而母亲如果消失，孩子也会惊慌失措，因为他还没有机会学习如何在这种情况下为自己寻找到替代品，比如一个毛绒玩具，或者母亲的替代者，使他在离开母亲时感到安全。

以上分析基于玛丽·梅因的研究，并出乎意料地被近期的实验探索所证实②。相关学者针对十二到十八个月大的婴儿的行为进行了大量数据分析，而这些行为早在母亲怀孕时所进行的访谈中就进行了预测。分析表明“在孕期对母亲的内部工作模式做的评估能够帮助预测孩子在一岁时所形成的依恋关系类型，其准确率超过 65%③”。

---

① TRONIK E. Z., 1989, « Emotions and Emotional Communications in Infants », *American Psychologist*, 44, p. 112-119.

② VAN IJZENDOORN M. H., 1995, « Adult Attachment Representation, Parental Responsiveness, and Infant Attachment: A Meta-analysis on the Predictive Validity of the Adult Attachment Interview », *Psychological Bulletin*, 117, p. 387-403.

③ PARENT S., SAUCIER J. -F., « La théorie de l'attachement », *in*: HABIMANA E., ETHIER L. S., PETOT D., TOUSIGNANT M., *Psychopathologie de l'enfant et de l'adolescent*, *op. cit.*, p. 41.

虽然母亲的影响力很大，但就像其他所有事情的概率一样，这个概率并不会达到100%。

母亲获得情感支持和社会帮助后，就能为孩子营造更好的成长环境

孩子所处的感官世界是由父母受心理活动驱使（内部工作模式）而产生的行为所构建的，在这样的环境下，孩子的气质和性格得以被塑造。需要强调的是，参与这一过程的是父母双方，而并非只有一方。母亲的想法当然取决于她自己的经历，比如："当看到孩子从身体里出来时，我在自己张开的双腿中看到的却是父亲的脸。他对我太坏了，以至于我到现在都很怕他。于是，我开始讨厌这个孩子。"必须重申的是丈夫在家庭三角关系中的作用，因为这会影响到他自己以及妻子的心理状况，从而帮助她改变想法："当我的先生在场时，我知道自己是他的妻子。此时，我对父亲和儿子的看法会发生改变。和先生在一起会让我改变看待孩子的眼光，他不再让我感到恐惧。"因此，父母作为一个整体在影响着孩子，夫妻之间的关系以及他们的心理活动都会对孩子的成长产生影响，所以孩子的发展绝不是片面的原因所造成的。

家庭三角关系由此确立，并发展出相应的合作型、压力型、专制型和无序型家庭环境①。这些风格各异的父母在潜移默化中影响着孩子的成长，而当孩子长到一岁至十八个月的时候，他的情感发展已基本定型。在这个过程中，父母的影响决定了孩子所具备的复原力的强弱。一些孩子在遇到挫折时已经懂得要去寻找情感支持，使发展得以继续。而母亲如果是独自抚养孩子，或者因为自己曾经的遭遇、丈夫的所作所为

---

① FIVAZ-DEPEURSINGE E., CORBOZ-WARNERY A., *The Human Triangle. A Developmental Systems View of Mothers, Fathers and Infants*, *op. cit.*

抑或是周围的环境而感到痛苦绝望，则很有可能会在不知不觉中让孩子在面对亲密关系时变得回避、矛盾或是迷茫。这样的孩子在遭遇人生变故时，如果得不到父母的支持，会很难在新的环境中找到让自己重新恢复发展的力量。这个时候，如果有人能够施以援手，克服困难与其建立联系，也许能够使孩子脱离困境。因此，为了帮助那些问题孩子培养复原力，相关人员需要接受专业培训，以走进孩子们的内心世界。

对于这种气质是在潜移默化的影响下被塑造的观点，还有一点需要修正：在成长的过程中，孩子是在不断变化的。在不同的阶段，他们所关注的内容也会不一样。这也就是为什么有助发展复原力的因素会发生实质性的变化：对婴儿而言，这些因素来自其所处的感官环境；等他上了幼儿园，它们主要源自日常生活；而当孩子开始学会说话，这些因素又会发生转变。因此，学龄期儿童所发展出的依恋关系逐渐脱离母亲的影响[①]。在这个阶段，家庭之外的因素开始发挥作用。由于孩子的神经系统发育日趋完善，慢慢开始具备语言能力，他的世界因此变得更为广阔。他会逐渐跨出父母为其创造的感官世界，向外探索，以帮助自身不断发展。

然而，如果孩子受制于自己的母亲、父亲或者是社会环境，那么上述情况就不会发生。当母亲自身的痛苦使其无法令孩子感到安全，当父亲总是让孩子闻风丧胆，或者在一个固化的社会中，人们习惯于用千篇一律的方式对待孩子，那么由此对其成长所造成的不良影响将很难被消除。如果母亲突发疾病、不负责任、受到丈夫或者是社会的限制而丧失自我，她的孩子会因此发展出非安全型甚至是混乱的依恋关系[②]。当意

---

① Van IJZENDOORN M. H., *op. cit.*

② BELSKY J., ISABELLA R., 1988, «Maternal, Infant, and Social Contextual Determinants of Attachment Security», *in*: BELSKY J. et NEZWORSKI T. (dir.), *Clinical Implications of Attachment*, Hillsdale, N. J., p. 41–94.

外发生时，这些孩子既脆弱又无助。在这种情况下，他们只有遇到一些愿意给予帮助的专业人士，才有可能具备直面困难的勇气。而这一切都取决于国家与社会能否予以支持。

已经建立起良好依恋关系的孩子很容易就能够进入到情感发展的下一阶段，因为他们很讨人喜欢，并且已经能够依靠自己掌握依恋关系的主动权。这些孩子所具备的是爱的能力，这有助于他们日后在托儿所和陌生人建立依恋关系。当他们还不会说话时，通过这种方式，可以从外界获得安全感。而被孩子吸引的陌生人会不自觉地参与依恋关系的建立，帮助这些原本内心就充满力量的孩子变得更加稳定和强大。

生活在非安全型依恋关系中的孩子所面对的是一个完全与上述情形相反的恶性循环。回避型孩子无法让人产生满足感，矛盾型孩子会令人生气，而混乱型孩子令其他人与之相处时无所适从，以上种种会反过来加剧其情感发展过程中的困难。

然而，研究人员通过数十年的追踪调查后发现，也正是在这群孩子中，情感发展发生变化的可能性最高。出于对方法或者观点的考量，研究人员将观察的重点放在母子关系上。当母亲因为自身的经历或者社会的限制将自己封闭起来，她的孩子会因此发展出脆弱的依恋关系。然而，这个阶段的孩子吸收力极强，外界环境发生的轻微变化都会令其受到影响。当夫妻关系好转，伴侣的态度发生变化，母亲在感受到支持以后，她的心理状况也会得到改善。而此时，如果社会经济形势向好，越来越多的社会服务和文化机构被建立起来用以帮助这些脆弱的孩子，那么他们所在的家庭也会越变越好。由此可以发现，当孩子逐渐获取了越来越多来自外界的信息，首先是感官和语言层面，紧接着是社会和文化层面，他的自我意识就会逐渐产生并得以发展。

具有多重依恋关系的环境能够增加孩子获得复原力的可能性。如果母亲无法承担相应的责任，那么孩子可以通过父亲获得安全感。尽管方式不同，但毫无疑问这会有效地促进孩子的成长①。而当父亲也缺位时，其他与孩子建立依恋关系的对象，比如除父母以外的家庭成员、寄养家庭、社区里的相关组织、体育俱乐部，还有艺术、宗教、哲学或政治团体，都能够向孩子提供所需的帮助②。

这也再次说明，在孩子来到这个世界的头两年里，他的信息来源逐渐从自己的依恋对象扩展至更大的范围。由此，孩子开始形成自我意识，而在他周围所形成的多重依恋关系的环境能够帮助其发展复原力。不过我们必须承认，如果母亲在情感上得到支持，同时获得社会的帮助，她能为孩子营造更好的成长环境；而当家庭生活因为社会经济和文化的持续发展变得蒸蒸日上时，孩子就会因此获得更多发展复原力的可能性。同时，这也表明一些与生俱来的情绪冲动在刚刚展现的时候，就会被其他因素所影响。

如果一对双胞胎的母亲以不同的方式对待他们

对于这个观点，我们可以聚焦双胞胎并展开研究。在普遍的认知中，异卵双胞胎由不同的卵子和精子结合形成，有时候会产生不同的性别，造成个体外形和气质差异较大，因而父母在面对他们时也会有不同的认知和感觉。其实对于单卵双胞胎或同卵双胞胎而言，这种观点也同样适用。在超声检查尚未出现的时候，妇女通常是怀着喜悦的心情迎接自己的第一个孩子的，对其说出的第一句话也展现了今后对待孩子的方

---

① LECAMUS J. , 2000, *Le Vrai Rôle du père*, Odile Jacob.

② OWENS G. , CROWELL J. A. , PAN H. , TREBOUX D. , O'CONNOR E. , WATERS E. , 1995, «The Prototype Hypothesis and the Origins of Attachment Working Models: Adult Relationships with Parents and Romantic Partners», *Monographies of the Society for Research in Child Development*, 60, 2-3, no 244.

式。然而，当医生宣布双胞胎的存在时，这些已经精疲力竭的产妇往往会备受打击，因为她们以为自己已经完成了分娩。在这种情况下，产妇会要求使用麻药，这是在生产第一个孩子时不曾提出的——也许是因为在认为已经获得自由的情况下突然被告知还需要受苦，她们不得不做出这样的选择。第二个出生的孩子虽然和第一个相差无几，但在母亲看来，他代表着额外的负担。在随后的日子里，两个孩子外貌或者行为上的细微差异让母亲可以顺利区分他们，并用不同的行为、表情和语言区别对待，从而为他们营造了不同的感官环境。如今的超声检查虽然消除了母亲在生产时受到的打击①，却改变不了她们为孩子所营造环境的差异。

有这么一对异卵双胞胎，姑且称之为“大爸爸”和“小妈妈”。在三个月大的时候，有一天，他们都坐在厨房桌子上的婴儿椅里吃饭。爸爸、妈妈、奶奶和爷爷围坐在两个孩子边上，一边说着话，一边忙着将蔬菜肉泥一勺一勺地喂进两个孩子的嘴里。大爸爸不苟言笑，全神贯注地吃着送到嘴里的食物，甚至因为认真地咀嚼而露出了三层下巴。而小妈妈却截然不同，在吃饭的同时，对周围的一切始终保持警觉。突然之间，也许是因为听到了一个声响或者被某个突如其来的动作影响，小妈妈“噗嗤”一下笑出了声。与此同时，大爸爸仍然无动于衷，专心致志地继续吃饭。桌上的四个大人都看到小妈妈突然笑了起来，但只有孩子的母亲给这个行为赋予了意义：“这个小姑娘，她在向男生们展现魅力呢!”小妈妈只有三个月大，她当然不会知道如何吸引男生的注意。但由于母亲的解读，家庭中的“关爱结构”马上发生了变化。这句话一说完，四个大人的目光都集中在了小妈妈身上。他们对她微笑、爱抚她、和她说话，而大爸爸还是一个人坐在一旁继续吃饭。二十年后，长大成

① ZAZZO R., 1984, *Le Paradoxe des jumeaux*, Stock-Laurence Pernoud.

人的两个孩子如果去进行心理治疗，女孩也许会说："父母对我们过于溺爱。"而听到这话的男孩则会非常惊讶："你在说什么呢？我们总是孤孤单单，感受不到父母的爱。"他们说的都没有错。孩子的母亲之所以对女孩的笑声有这样的解读，是源于她自己对于两性之争的认识。而这种解读最终造就了她为两个孩子所营造的不同感官世界。

有时候，婴儿一个简单的动作就会触动母亲，因为这唤起了她对于自己过去生活中一些敏感部分的记忆。露和克洛洛出生后，这对双胞胎姐妹展现出截然不同的气质：一个性格恬静，笑起来也很温柔；另一个则非常活泼，从出生以后就一直蹦蹦跳跳，还总是大笑或者大哭。给孩子取的名字也参考了她们各自的气质特征：一个取名为"露"，因为她温柔腼腆、动作轻柔；另一个被叫作"克洛洛"，这是一个有趣的名字，因为周围的人都觉得这个孩子很滑稽。正如父母在刚见到新生儿时所说的话表达了他们赋予这个孩子的意义，名字的选择从一定程度上也表达了一种从属关系。当文化背景决定了这种从属关系由整个社会来定义时，父母会倾向于用伟人的名字来称呼自己的孩子。而在以人为本的文化环境中，名字更多地会被用来表达孩子让父母体会到的情感层面的感受。另外，由于双胞胎通常长得很像，父母也会给他们起一些发音相近的名字，比如"玛丽-克莱尔"和"玛丽-克劳德"或者"托马"和"马修"①。

对于露的母亲而言，孩子温柔的表现唤醒了自己曾经的痛苦记忆："我的妈妈不喜欢性格温柔的孩子，她给我起了个外号叫'棉花糖'。她希望我能够变得风风火火。但露的性格触动了我，我知道一个温柔的小姑娘内心在想什么。至于克洛洛，她什么问题都能自己解决。"每个孩

① JOSSE D., ROBIN M., 1990, «La prénomination des jumeaux : effet de couple, effet de mode ?», *Enfance*, tome 44, no 3, p. 251-261.

子不同的气质表现会触发母亲内心敏感的部分，唤醒自身痛苦的记忆并激发出不同的反应，从而为孩子营造出不同的成长环境：就露和克洛洛而言，母亲自然会更加关心露，而相对疏远克洛洛，因为她总能自己应付。十八个月后，露的性格越发平和，很容易就能够被安抚；而克洛洛这个原本开朗的孩子却总是会在被迫分离的时候绝望大哭，有时仅仅是因为毛绒玩具掉在了地上就会让她嚎啕大哭。

当单卵双胞胎展现出相似的气质时，他们在外形上的细微差异会被用来传达一种意义。“这个孩子将被取名为‘马修’，那一个我们会叫他‘托马’。”马丁夫人在见到我们时如是说。“您怎么区分他们呢?”“嗯，马修的头比较圆，而托马的头偏长一些。”对于这一差异，我们完全体会不到，只能通过两个孩子手上戴着的写有他们名字的手环加以辨认。很快地，马丁夫人就能够分辨清楚两个孩子。根据先前的理论，我们试图弄清楚这种外形上的区别对这位母亲而言代表着什么，进而理解她据此针对两个孩子做出的反应行为①。马丁夫人向我们解释道：“我十八个月大的时候就被抛弃了，受了很多苦，为此我发誓要成为一个完美的母亲。在我看来，头圆的孩子看起来像婴儿的时间会更长，而另一个孩子很快看上去就会像个大人。”“母亲”的身份令马丁夫人格外在意孩子头颅形状这一细节，因为这对她来说意义重大：“如果孩子能保持婴儿的样子更久一点，那我就能维持母亲的身份更长一点。”在接下来的几个月里，她总是对着这个脑袋圆圆的孩子说话、微笑，抱孩子的时候也总是第一个抱他。她和这个孩子相处的时间比另一个要多得多，因为自身的经历令她给这个外貌上的细微区别赋予了个人含义。两个月后，“圆头先生”每天都能安然入睡并面带微笑地醒来，而“长头先生”却

---

① VILLALOBOS M. E. , 1997, *Interactions précoces entre la mère et ses bébés jumeaux*, Universitad del Valle, Cali, Colombie, Cassette VHS Hôpital Toulon/La Seyne, septembre.

总是难以入眠，醒来时也非常痛苦，虽然两个孩子基因构成并无不同。

当孩子醒来时面带微笑，母亲见到他也会发自内心地感到欢喜；如果孩子闷闷不乐，母亲也不会开心。如此一来，孩子和母亲在无意之间助长了自己在对方身上看到的情绪。对于前文提到的那位母亲，头偏长的孩子在她看来意味着“很早就会离开，从而剥夺自己当母亲的乐趣”。因此，她会疏远这个孩子，为其营造的感官环境也将缺少相应的刺激，进而对孩子的睡眠结构以及之后的神经内分泌系统发育造成影响。当这个孩子醒来以后闷闷不乐，母亲便掌握了“证据”，证明这个孩子不如另外一个。“长头先生”所面对的将是一个一直不快乐的母亲，而“圆头先生”见到的母亲却始终笑脸相迎①。孩子和母亲都在对方身上看到了自己的样子。但非常重要的一点是，婴儿无需对母亲的表现负责，至少他的责任远比母亲对于自己的过去所要担负起的责任轻得多。

由于母亲个人的经历为两个孩子营造了体验不同的感官世界，双胞胎原本相同的基因朝着截然不同的方向发展着。到了十八个月大的时候，乖巧的露和“圆头先生”俨然已经占据了优势地位。他们在方方面面都表现主动，包括与外界的互动、日常的探索和游戏活动以及语言表达。比起另外两个孩子，他们睡得更好，醒来时也是神清气爽。这种后天造成的区别，即通过外界环境对生物学特征进行塑造和改变，解释了为什么在 80% 的异卵双胞胎和 75% 的同卵双胞胎中都存在着一个占优势地位的孩子②。遗传不再是造成差异的因素，孩子在成长的过程中体会到的不同感受才是差异产生的重要原因，而这种感受源自父母的表现以及孩子自身气质令其做出的反应。

---

① DELUDE D. , 1981, *Effet de sourire simulé du nourrisson de trois mois sur les comportements maternels*, Gaétan Morin.

② LEROY F. , 1995, *Les Jumeaux dans tous leurs états*, De Bœck Université, p. 221.

当我们理解想法是如何通过行为和对象进行传递

婴儿借助依恋关系实现自我发展，而这一切都是基于他人为其营造的感官环境。因此，在这个过程中，遗传的发生是不可避免的。“……情感上的一致性①也许是对心理遗传②这种现象最为合理的解释。”父母的情感世界决定了他们通过自身行为为孩子创造的感官环境的模样，他们也由此引导孩子发展。这种主观层面上的继承虽然必要，但并非总是容易的，因为这意味着孩子需要在父母各自带来的问题中成长。

到了孩子八个月大的时候，依恋关系在父母过去经历的影响下以及孩子自身气质塑造的过程中逐渐发展起来。但从这个时候起，孩子开始能够有意识地参与和他亲近的成年人的心理活动。“主体间性的出现让婴儿参与的家庭关系的建立从行为层面渐渐过渡到精神层面③……”由于在这个阶段，孩子还不会说话，他通常是通过肢体动作走进成年人的内心世界的。

对此，我们同样也可以通过对双胞胎的观察来了解一些指示行为（例如用食指指点）是如何帮助确认主体间世界的形成和建立的。但此时我们所需要观察的不再是某个行为的产生④，而是它的功能，即这个行为如何参与构建三口之家的主体间世界。

当一个十个月大的孩子用食指指向一个对象时，他完成了人生中第一个具有符号意义的行为⑤。神经心理学家亨利·瓦隆（Henri Wallon）、

---

① STERN D.，1989，*Le Monde interpersonel du nourrisson*，*op. cit*.

② GOLSE B.，1995，«Le concept transgénérationnel»，*Bulletin WAIMH*，vol. 2，no 1.

③ *Ibid*.

④ CYRULNIK B.，ALAMEDA A.，ROBICHEZ-DISPA A.，1995，«Rites et biologie. La ritualisation des comportements de bouche»，*Dialogue*，no 127.

⑤ ROBICHEZ-DISPA A.，1992，«Observation éthologique comparée du geste de pointer du doigt chez des enfants normaux et des enfants psychotiques»，*Neuro-psychiatrie de l'enfance*，XL，no 5-6，p. 292-299.

语言学家维果茨基（Vigotsky）、小说家维尔高尔（Vercors）以及大名鼎鼎的翁贝托·埃科（Umberto Eco）都曾提及这个动作的符号功能。如今，在这个领域遥遥领先的当属安妮克·约安让（Annick Jouanjean），她的研究引起了业界对这个现象大规模的研究。她在自然情况下对不同的双胞胎进行观察，理解他们的依恋关系类型如何确立①，并最终证实从出生后第八个月起，孩子开始表现出对交流的一些行为偏好。

在此，我想说一下温柔可人的朱莉和大智若愚的诺米这对姐妹的故事，并结合安妮克·约安让严谨的论文和其他临床观察，来说明依恋关系的改变对语前儿童情感世界发展的影响。

从出生开始一直到第十五个月，朱莉咿呀发声的时间比诺米要多四倍。与此同时，她的面部表情更生动，向外界做的手势和动作也更多。在同样的年纪，诺米哭的频率是朱莉的四倍，而且她的手势都是朝向自己。朱莉的情绪很稳定，当她不高兴时，会去寻求喜欢的人的爱抚以使自己平静下来。而当诺米能够给自己的手势赋予符号意义时，她的行为偏好就此发生了改变：比如哭泣时，她会用食指指着自己，进行安抚。

早期阶段依恋关系的发展并没有让诺米找到安抚自己的方式。但是，到了十五个月大的时候，她开始频繁地用手指指点点，和外界进行互动。她最喜欢的互动对象是自己的母亲，她在这个过程中能够获得平静。当孩子开始用手势表达一些含义，她会减少哭闹，同时以自我为中心的行为也会变少。而针对某个特定对象做出的指示性行为则起到了一种安慰的作用，让孩子在学会说话以前就能够借此重新恢复平静。如果诺米没有发展出这种行为，就无法实现自我表达，也不能和自己的依恋对象进行交流。她只能继续哭闹，并且通过一些以自我为中心的行为来

① JOUANJEAN-L'ANTOËNE A., 1994, *Genèse de la communication entre deux jumelles (11-24 mois) et leurs parents: approche éthologique, différentielle et causale*, Thèse de doctorat ès sciences, université de Rennes-I.

试图让自己获得安慰。

朱莉出生后没多久就发现亲昵的爱抚是平息悲伤的有效方式，而诺米却一直要等到十五个月后才学会通过一些表达含义的动作来获得慰藉。这意味着孩子并非依靠自己获得复原力，他需要遇到一个气质相投的对象，帮助其培养复原力。这也就说明了为什么和有的人在一起，我们会获得复原力，而换成另一群人的时候就无法实现；或者在某种环境下，我们能够重新恢复发展，但当环境改变时，有些人也许就会一蹶不振。如果在成长的过程中遇到一个对其具有重要意义的对象，孩子也许能够持续不断地获得复原力。

而赋予某个对象复原力的关键正是三角关系。当孩子独自面对一个对象时，他可以选择接受或者拒绝。但在三角关系中，孩子指向一个物体，使其变成对象，这会引发依恋对象相应的心理活动。自此，通过这个物体对象，孩子不断调整自己的依恋关系，而这个对象的选择绝非偶然。

我们所做的临床观察也证实了这一观点：在十个月至十五个月大的时候，婴儿开始学会用手表达指示的含义，而他所指出的对象通常受到父母的影响。在出生后的头两个月里，孩子接收到的父母的行为带有他们个人的风格，所处的成长环境也在潜移默化中被父母过去的经历影响。当孩子参与三角关系中，他指定的帮助自己调整和发展依恋关系的对象其实是由照顾他的人确定的。换句话说，孩子指出的这个对象会明显地体现其父母的特征。

让我们一起来看一看马多尔先生的故事吧。他的女儿十个月了。下班回到家后，马多尔先生照例拥吻了妻子和女儿。孩子刚被父亲抱在怀里，就忍不住笑出了声，同时用力地指着……一支钢笔！对于刚满十个月的孩子，钢笔会意味着什么呢？这得从她的父亲身上寻找答案。事实上，马多尔先生充满热忱又干劲十足。他在一家农业公司就职，却一直梦想成为老师。可惜的是，他患有失读症。因此，每天下班回家后，他会先亲吻妻子和女儿，然后就立即开始工作。慢慢地，孩子的脑海中就会形成这样的画面：父亲在抱了自己之后，会马上拿起钢笔。刚满十个月的孩子其实并没有很多事情可以告诉别人，但是会有强烈的交流欲望。因此，根据依恋对象的行为，孩子会识别出那个一直被强调的对象。小女孩指向了钢笔，参与三角关系的发展，把父亲的注意力吸引到了这个对其意义重大的对象上去。

我们由此见证了一个对象在孩子心中的变化和发展。物品原本只是物质，但在不同的人眼中被赋予了不同的情感。作为依恋对象的父亲因为自己的经历，将一个原本普通的物品变得特殊，并使其获得关注。对于他十个月大的孩子来说，钢笔并不是一个书写的工具，而是用来分享的。在这个过程中，人为因素促使物品成了一个对象。诚然，生产技术创造了钢笔，但如果不是父亲个人的原因，他的孩子不会关注到这个物品。我们可以想象这个父亲也许内心一直有个声音在提醒自己："我不想当农民，我要成为学校的老师！快去努力吧！"父亲内心的想法放大了这种声音，他的所作所为使得钢笔这个物品变得与众不同。这就是一支小小的钢笔作为第三个主角，参与由父亲个人的经历和孩子的内心世界共同构建的三角关系中去的例子。

在孩子成长的每个阶段，发展复原力的过程不尽相同。前语言阶段的智力发展使得婴儿在十个月大的时候就能够感知到父母的心理活动，以至于到了三岁的时候，进入叛逆期的孩子能够为自己说"不"找到恰当的时机。从八个月大开始，米卢就不会放过任何一个指认花朵的机会。因为他的父亲是一名园丁，所以周围的人对孩子的这个举动都表示支持和鼓励。他们会热情地向孩子进行解释，同时配合上兴高采烈的表情和动作，就好像在庆祝节日，而这些表现都给"花朵"这个物品赋予了情感色彩。每当孩子指认一朵花的时候，庆祝活动就此开始。几个月后，米卢开始变得有些叛逆，当想要惹父母生气的时候，他意识到只需要破坏一朵花就能达到目的。在这个家庭三角关系中，爱护花朵会得到赞赏，反之则会引起愤怒。倘若是在另一个家庭中，毁坏一株五虎草并不会激起强烈的情绪反应，因为这个行为没有任何特殊的含义。

这也意味着对孩子行为的曲解就此产生。如果米卢来到另外一个家庭中，同样试图以毁坏五虎草的方式表达不满，他并不会被理解，因为这个行为对于其他父母而言并无任何意义。然而，这种误解在人的一生中时有发生，也许正是因为这样，每个人都发展出了属于自己的故事。当孩子还不会说话的时候，会通过一些行为来表达内心的想法，而这些行为会被成年人以自己的经历来解读。这两种并不对等的心理活动的相互作用影响着孩子前语言阶段的发展，引导其形成脆弱或是坚韧的性格。

当二十月龄的约瑟芬突然没来由地开始哭闹，让我们看看两位育儿嫂是怎么做出回应的：其中一位一下子紧绷起来，一言不发地抓住孩子，粗暴地把她放在了椅子上，绝望的小女孩因此哭得更厉害了；而另一位走到孩子身边对她说："让我来亲亲你吧！"两秒钟之内，小女孩不明原因的悲伤就被化解了。在之后与两位育儿嫂的交谈中，我们很容易发现，第一位在童年时期总是独处而得不到关心，所以她学会了克制悲伤的情绪并藏起自己的眼泪；而第二位成长于安全型的依恋关系中，这令她懂得如何将悲伤变成一种发展亲密关系的途径。

对于孩子行为的曲解和个人发展的影响无法避免，其原因在于孩子的各方面，比如外貌特征、习惯动作、行为模式，甚至是健康的发展都免不了引起周围成年人带有个人色彩的解读。

未知的同类：发现他人的世界

进入十六至十八月龄后，当孩子开始具备影响旁人心理活动的能力时，他也会因此感到困惑，这样的时间会持续一至两个月。在此之前，孩子只需对来自自身以及外界的刺激做出反应并采取行动。但从这个阶段开始，他身处的世界就此改变。从今往后，孩子需要针对自己在旁人看不见的内心世界里形成的想法做出反应。他渐渐脱离感官世界，进入到前语言表征的世界。在发现这个新大陆之后，孩子的行为也会发生改变。当他意识到旁人的内心世界正在向自己敞开时，会变得有些困惑，因为他还不知道自己将如何进行探索。

这种变化可以通过两个行为来加以确定。从出生第二个月开始，每当面对镜子时，婴儿会表现得非常开心，经常挤眉弄眼又手舞足蹈。但是当前文中所说的变化出现后，孩子在面对镜子时就会开始变得困惑。到了十六个月大的时候，他甚至会回避镜子中看向自己的目光，掉转过头去或者在经过时偷偷观察镜中的自己。几周以后，他开始热衷于在镜子里看到自己，并从中获得比之前更大的乐趣。而这一次，孩子所感受到的快乐并没有通过面部表情展现，更多的是一种内在的情绪。“……从孩子十五个月大到两岁左右，我们可以在他身上观察到一些回避的反应以及其他感到尴尬或者困惑的表现。但在面对不认识的人时，孩子几乎不会有上述表现。[①]”

另一个标志着这种变化的行为是令人吃惊的“十六月龄的沉默[②]”。原本那个热衷于吵闹、大笑、哭喊以及咿呀学语的孩子突然之间变得沉

---

① ZAZZO R., 1993, *Reflets de miroir et autres doubles*, PUF, p. 120.

② JOUANJEAN A., *op. cit.* et BOISSON-BARDIES B. DE, 1996, *Comment la parole vient aux enfants*, Odile Jacob, p. 132.

默了。这种变化代表着孩子对于自己所身处的世界的态度开始发生改变。当他意识到在其他人的内心中存在着一个自己看不见却可以通过语言加以发掘的世界时，孩子就会被吸引，并为此感到喜悦和忧虑。然而，周围的成年人对于这一变化的解读会对孩子的后续发展造成影响，令其变得喜欢或者是害怕进行自我表达。

一些父母很喜欢听到孩子咿呀学语的声音，因此会将其在十六个月大时表现出的沉默视作一种挫败。在不知不觉中，他们也许会渐渐忽视孩子，减少与他的接触，对他感到厌烦甚至发脾气，而在这之前他们相处得非常融洽。

如果孩子的身边只有一个依恋对象，他的发展主要取决于这个对象的反应。但倘若孩子与不同的对象发展出依恋关系（父母、祖父母、兄弟姐妹、托儿所、学校以及其他机构），那么他总是能找到支持发展的人，建立新的依恋，帮助其在关系中断的时候重新恢复，而这甚至会比先前更适合他的发展。孩子因此会更倾向于依赖这个新的对象。在这种情况下，如果一个依恋对象突然和孩子中断了关系或者与孩子脾气不合，另一个可以接力帮助他继续发展，前提是孩子已经从安全的依恋关系中找到了获得复原力的方法；或者他至少遇到了一位内心世界能够与其同频共振的人，形成良好的依恋关系。多重依恋关系因而能够增加获得复原力的可能性。

然而，这个沉默的阶段事实上是很难被察觉的。孩子内心的意识已经崛起，但是表面波澜不惊，这种抑制的表现其实代表着他正在为开口说话做准备。心智理论①在这个时期得以发展。

让我们来做这样一个假设：想象你和我一起站在海边看着一艘船驶

① LESLIE A. M. , 1987, «Pretense and Representation: the Origins of "Theory of Mind"», *Psychological Review*, 94, p. 412-442.

向远方，我们约定好当发现船消失的时候就喊一声“嘟”来示意。可以预见的是，我们两个人会差不多同时发出这个信号，并由此确认船在这个时刻离开了我们的视线。我们会为彼此作证，深信两个人在同一时间亲眼看到了船消失在海平面上。

假设现在我们其中一个人爬到山顶，同样在看到船消失的时候喊一声“嘟”。这种情况下，我们不再能够在同一时刻发出这个信号，而这种差异令人不知所措，同时迫使双方不再依赖自己的感觉做出判断①。一旦试图将意见的分歧合理化，我们所认识的世界就会发生改变。自此以后，我们不再仅仅依赖于自己的感受获取信息，也会通过揣摩别人的内心活动去认识这个世界。在同一时刻和别人看到同样的事物，这会令我们更坚定自己的看法，但同时也会让我们犯错。而自己和他人之间存在的感知差异会令我们觉得惊奇，从而促使自己去观察和探索对方的世界。

处于困惑时期的孩子也许会想：“刚出生的几个月里听到的那首让我非常着迷的歌谣，是否在我看不见的别处指向某些特殊的含义？”这足以让一个十五个月大的孩子茫然无措！他的内心世界会发生什么样的变化？是什么令他在无言的思考中突然醒悟到旁人在描述一个自己看不见的世界？

基于自己感知到的部分信息，一个情感发展较为完善的孩子具备了对他看不见的内容进行较为连贯的描述的能力。一直到这个阶段，父母用他们过去的经历为孩子筑造了赖以生存的感官世界。但是，从第十八个月起，孩子开始逐渐接替父母的这项工作，并慢慢能够为他感知到的内容赋予意义。孩子在这个时期表现出的困惑、对事物的凝视、进行指示的手指以及心血来潮的胡闹都代表着他正在为开口说话积蓄力量。

---

① SCHATZMAN E.，1992，*L'Outil théorie*，Eshel.

无声的故事描绘着内心的世界

一旦孩子开始说话，他会使自己的表情和用词与周围的大人们变得同步。但如果还没发展到这个阶段，孩子感受到的困惑会令其特别关注大人口中发出的声音，这对他来说非常神秘，仿佛蕴含着一个崭新的世界。懵懵懂懂的孩子因此会仔细观察说话人的脸。但在此之前，他早就习惯了用手指指指点点，这对孩子而言就像一根小小的魔法棒，可以用来控制他人的目光，从而和对方一起创造一些共同参与的事件。不过，这个阶段的孩子可以通过无声的无实物表演来调动他们截至目前所获得的所有能力。可以确定的是：对过家家游戏感兴趣或是开始假装疼痛的孩子已经进入了人情世故的启蒙阶段。

出生几个月后，婴儿开始能够模仿成年人的面部表情。别人对他微笑时，他也会报以微笑；别人对他吐舌头时，他也会伸出舌头；而当别人对他皱眉时，他可能会不知所措①。这些反应看起来是一种模仿，因为孩子重复了他人对他所做的行为；但事实上，孩子可能是在表达一种情绪，他也许感到了喜悦、惊讶或者只是在寻求与对方建立联系。因此，与其说是复制，这种“模仿”更像是旁人在孩子身上留下的印记，它代表了孩子对某个形象开始熟悉，进而表达由此所引发的情绪。从这个角度来看，它更接近于一种通过记忆引发的行为，而不是有意地进行重复。从第十八个月开始，孩子变得非常喜欢模仿依恋对象的行为。之所以这样做是因为他能从模仿“让我开心的人”这件事中体会到快乐，这也说明孩子喜欢参与到他人的生活中去。几个月后，他开始热衷于模

---

① TREVARTHEN C., HUBLEZ P., SHEERAN L., 1975, « Les activités innées du nourrisson », *La Recherche*, 56, p. 447-458.

仿依恋对象说话，重复习得语言。再过几个月，语言渐渐能够自主生成，孩子开始自发地将学习到的新词句进行组合①。

在幼儿园的餐桌上，孩子们同时开始敲打碗里的土豆泥。因为共同参与了这项活动，在同一时间做了同样的事情，这使得他们能够体会到同样的情感，并一起感受这个由他们自己的勺子和土豆泥所共同创造的世界。形成这种情况的原因并非孩子对他人行为的效仿，而是源于个人参与到集体共同创造的事件中去的意愿。

当一个十八月龄的孩子试图影响成年人的心理活动时，他会虚构一些情境。但在这种情况下，他的表现会显得有些抽象难懂。孩子的自我意识企图对他人进行操纵。从很早期开始，他所选择扮演的角色就揭示了自己的内心世界。一个四岁的孩子模仿十五个月大的弟弟的动机并不是为了“退化”以使自己像弟弟一样被父母宠爱，相反，他希望通过这样的行为来展示自己也曾经历过这个阶段。而这个前一刻还在幼稚地模仿弟弟的孩子很有可能在下一刻就会扮演起父母的角色，甚至假装自己是电视节目里的英雄人物。语前拥有的模仿才能令孩子得以展露他的内心世界，这也是获得语前复原力的重要因素。

亲和关系比我们想象中要早萌芽，持续的时间也更长久②。年龄、性别和行为风格都是起到决定性作用的因素。两岁末开始，小女孩就会表现出对女生的喜爱，而小男孩则要等到快四岁的时候才会显示出更喜欢和男孩子一起玩耍③。比起男孩，女孩在语言方面更有优势，并且喜

---

① BAUDONNIÈRE P. M., 2000, « L'imitation aux origines de la culture », *Le Journal des psychologues*, avril, no 176, p. 16-19.

② BARBU S., JOUANJEAN-L'ANTOËNE A., 1998, « Multimodalité de la communication dans les relations préférentielles entre enfants à l'école maternelle », *in*: SANTI S., GUAÏTELLA I., CAVÉ C., KONOPCZINSKI G. (éd.), *Oralité et gestualité — Communication modale, interaction*, L'Harmattan, p. 655-660.

③ LA FRENIÈRE P., STRAYER F. F., GAUTHIER R., 1984, « The Emergence of Same-sex Affiliative Preferences Among Preschool Peers: a Developmental-ethological Perspective », *Child Development*, 55, p. 1958-1965.

欢通过交换物品的方式建立关系。男孩在这方面则稍显落后，但他们更擅长舞枪弄棍、球类游戏或者是攀爬竞赛。

针对帮助复原力形成的内在力量的研究有一个值得注意的地方：当孩子的生活中出现了一个小小的考验，他需要动用自己在现阶段所获得的心理资本来克服困难。两个婴儿在一起的时候，我们不难发现他们之间会通过一些简单的词句、面部表情以及小游戏来建立亲和关系。当第三个孩子出现想要参与到这一关系中去时，他会发现自己处在“入侵者”的位置，为了达到目的不得不发挥自己的社交才能①。有些孩子也许会因此感到不知所措，一开始不敢轻举妄动，但得益于在早期互动中建立的信心，他们或早或晚都能通过表情、语言、游戏或玩笑开展社交。而这些寻求伙伴的方法会引起周围的人不同的反应。

面对“入侵者”，一些语前期儿童会表现出欢迎，他们认为这非常美妙。而其他孩子则会充满敌意地下逐客令，有时候，他们甚至会对“入侵者”进行攻击，仿佛他的到来就代表着一种侵犯。成年人在面对这种情况时也会有同样的行为反应。有些孩子很享受“入侵者”向自己示好，而另一些则会对企图建立关系的孩子表示反感，拒绝对方靠近或发出不满的吼声以使其停止“吸引他人的注意力”。

总体而言，认为自己是“入侵者”的孩子，即使在建立关系的过程中表现得“太过分”，仍然需要做出牺牲，从而被别人接受并丰富自己的依恋关系。但是，为了实现这个目标，他能够动用的只有在现阶段所获得的心理资本，包括他的年龄、性别和已经经历的短暂人生带来的内在力量，令其在受到挫折时可以进行自我保护。

---

① Mac CABE A., LIPSCOMB T. J., 1988, « Sex Differences in Children's Verbal Agression», *Merill-Palmer Quarterly*, 34, 4, p. 389-401.

刻板印象强化了婴儿的某些行为

在前文中，我们提到过父母的经历会令某些事物显得非常重要，从而被孩子加以利用来建立和父母之间的联系。同样地，带有刻板印象的社会文化所鼓吹的一些理论也会产生相同的效果。通过访谈我们了解到，哥斯达黎加的妇女对婴儿咿呀学语以及尝试坐姿的阶段相当重视。在她们眼中，有这两个行为的孩子应该获得父母的亲吻和热烈的赞美。孩子因此也会感受到自己在运动方面的表现深受母亲的关注。从第十个月开始，他会利用相应的行为来影响母亲的心理活动。而在相同的年纪，德国的孩子们更喜欢翻阅书籍，用手指着书页上印刷着的文字，然后一边看着母亲，一边发出惊喜的叫声①。相比之下，中国的孩子们在三岁以前都显得严肃又认真。他们很少哭或者笑，通常被形容为“沉着冷静”。但事实上，他们时刻注意着大人们的一举一动。在三个月大的时候，当有人走近时，他们就会转过头去目不转睛地看着他。这些孩子最显著的特征是能够安然依靠在抱起他们的任意大人的怀中，正因如此，有人把中国的孩子视作最好的“陪伴者”。而北美的孩子则截然相反，同样在三个月大的时候，他们已经相当好动和急躁，以至于无法安静地享受父母的怀抱②。然而，中国孩子的成长环境通常是喧闹、多彩、充满变化又富有刺激性的，但这种环境同时又严格受限于文化习俗。对于孩子而言，这样的环境令他能够规律地去感知这个世界，而孩子接收

---

① ZACK M., BRILL B., 1989, « Comment les mères françaises et bambaras du Mali se représentent-elles le développement de leur enfant ?» *in*: RETSCHITZKY J., BOSSEL-LAGOS M., DASEN P., *La Recherche interculturelle*, L'Harmattan, tome II, p.8.

② KAGAN J., 1979, « Overview: Perspectives on Human Infancy», *in*: OSOFSKY J. D. (éd.), *Hand Book of Infant Development*, New York, Wiley.

到的规律的感官信息反馈虽然强度很高，却为其建立了一个稳定的环境。这些规律的信息反馈被孩子视作参考标准，帮助其稳定内心世界。而北美的孩子通常具有其他种族的血统，比如爱尔兰血统、波兰血统、德国血统、墨西哥血统、非洲血统等，虽然他们的样貌、出身和肤色各不相同，但总体而言，都表现出好动、爱哭、急躁的特征，并且不太愿意陪伴他人。

社会文化的一些刻板印象也通过父母情感的表达进行传承。比如堪萨斯州莫哈维族的印第安人①因为相信儿童具备和成年人一样的理解能力这种说法，所以会像对待成年人一样对待刚出生的孩子，这令幼儿成长的感官环境变得索然无趣。相反地，西方文化将婴儿视作生物学的产物，以至于在战后的数十年间，家庭会更重视卫生健康教育，而忽视了通过语言进行的情感教育。这种文化认知无疑会在孩子的记忆中留下一些负面的影响。如今，人们发现婴儿很喜欢触摸父母的脸庞，并且听到说话抑扬顿挫的声音会很开心。这一点也得到了科学研究的证实，可以帮助父母为孩子营造一个更有利于其精神世界发展的感官环境。同时，这也解释了为什么孩子会渐渐具备社交能力，令他在面临挫折时激发出复原力去克服困难。

父母的性格决定了他们会向孩子灌输什么样的文化观念，以此作为日后促进他发展的重要力量。这就是为什么中国孩子会被传统文化中释放出来的强烈多彩以及充满韵律和节奏的内容所吸引；而美国孩子却无法忍受喧闹的环境，因为这令他们感到兴奋却无序，从而变得不安又躁动。造成这样不利于孩子成长局面的关键在于父母。通常，这些父母疲于工作，为了树立自己的威严习惯大声说话，并且总是随心所欲地更换工作、住处或是伴侣，而这些行为又受到了社会普遍的认可。

---

① DEVEREUX G., 1949, «Mohave Voice and Speech Mannerism», *Word*, 5, p. 268-272.

无序阻碍孩子去感知那些能够稳定内心世界的规律，以及在关系发展中起到中介作用的显著对象。相反，如果孩子得益于安全型依恋的建立而拥有稳定的情绪和得体的举止，学会了适度地牺牲以发展社交能力，并且周围人的言行促使他去关注其他人，那么在这种情况下，孩子就能够获得发展复原力最重要的特质之一：幽默感。

幽默并不是为了搞笑

弗洛伊德曾说过："幽默的实质在于使自己免受现实情况所引起的情绪的影响。通过一个玩笑，我们得以掌控自己的情绪。"①

因为现实很残酷，我们感受到的情感理应是痛苦的。但通过叙述或模仿可以将现实情况以不同的方式进行呈现，这样痛苦就会减轻，甚至转化成快乐。如今，为了让这一说法变得更具科学性，我们将其称为"针对创伤的情感认知重塑"。简单来说，幽默可以起到非常积极的作用，让人获得解脱，这是"自我的一种无懈可击的状态，接受自己的同时拒绝一切外界强加的痛苦，甚至能够找到将惨痛经历转化为幸事的方法②"。

但这种观点其实并不被认可，因为在人们看来，对自己经历的痛苦报以微笑似乎不是一种体面的做法。诚然，这并非易事，而且如果没有处理好，玩笑也许会适得其反，甚至让受到伤害的人感到被羞辱。但同时，在语前儿童所处的家庭中，我们几乎每天都可以观察到幽默这种化悲痛为欢乐的方式是如何影响情感关系发展的。

一位年轻的妈妈刚刚生下了一个女儿，她对着接生的护士吼道："做点什么吧！难道你们看不出来她难受得想死吗?"这位母亲太痛苦

① FREUD S.，1905，*Le Mot d'esprit et ses rapports avec l'inconscient*，Gallimard，1969，p. 129.

② SZAFRAN A. W.，NYSENHOLC A.（dir.），1994，*Freud et le rire*，Métailié，p. 16.

了，以至于无法展现出一丁点幽默和风趣。在她看来，女儿遭受痛苦是非常紧急的事件，容不得一点玩笑。几个月后，孩子开始变得十分依恋自己的母亲，抱着她一刻也不愿意松手，而且只要母亲把注意力放到除她以外的事情上去，孩子就会发出惊恐的叫声。但一位拥有足够安全感的母亲在面临突发的不利情况时具备调节的能力。同样是面对孩子的伤病，如果不太严重，她会创造出一个游戏来缓解痛苦，比如一边念着咒语一边在孩子的伤口上轻轻吹气。通过这样的方式，她将一个原本痛苦的事件重新进行了描述，让大家都能轻松以对。

这样的做法使得孩子在原本伤口带来的疼痛之外不会再感受到精神层面的痛苦。甚至恰恰相反，在母亲自导自演的这出“戏”中，经过她的描述，受伤这件不幸的事变成了全家人可以谈笑的内容，并促进了家庭关系的和谐发展。这就是为什么说“幽默并不是为了搞笑[①]”，而是为了将痛苦转化为一件令人感到愉快的事，把感知到的疼痛变成引人发笑的故事。

事实上，孩子很早就具备了转化痛苦的能力。在出生后的几个月里，让婴儿展露微笑的实际上是突如其来的变化所带来的压力。一个突然出现的、与平时不一样的动作或是声音，令孩子原本熟悉的、充满规律的环境发生了变化。如果这个孩子已经建立起安全型依恋，那么他会将变化所带来的焦虑转变为快乐。混乱型依恋的孩子面对变化会发出惊恐的尖叫声，回避型的孩子从表面上看仍然表现得很冷漠，而对于矛盾型的孩子而言，他们的表现取决于周围人的反应。

孩子在前语言阶段所具备的“幽默能力”帮助他把感受到的焦虑心情转化为令人陶醉的快乐，关于这一点，我们可以通过“膝上骑马游

---

① VANIESTENDAEL S. , 2000, «Humour et résilience», *in: La Résilience — Le Réalisme de l'espérance*, Colloque Fondation pour l'enfance, 30 mai.

戏”这个实验来加以证实。从第六个月开始，在大人的膝盖上准备进行骑马游戏的孩子一旦听到大人开始唱歌就会把身子向后仰，并开始大笑。对他来说，歌声是大人开始抖动膝盖的信号。游戏开始前这份忐忑而又快乐的等待催化了内在的幽默感。我们可以类比自己在观看希区柯克（Hitchcock）电影时的感受：当意识到罪犯将在交响乐表演接近尾声的时候采取行动，我们会不由自主地希望乐器的声响盖过枪声[①]。同样地，观看木偶戏的小朋友们在看到舞台上出现警察时，会大声叫喊提醒其他木偶人注意，但同时他们在心底又会感到莫名的兴奋。

如果婴儿对不了解的事物表现出期待，那说明他已经学会了如何把它变成自己熟悉的样子。这种情感上的胜利令他感到高兴并变得更加勇敢，因为他明白只要和恐惧建立一种联系，自己就能够微笑以对。

孩子出生以后没多久所展现出来的幽默能力预示着依恋关系的发展。当他听到一个伪装过的声音对他说：“我要抓住你！”他明白这代表着追捕游戏即将开始[②]。因为孩子能分辨出这是故意伪装出来的说话声，这种陌生感令他感到很有趣。完全陌生的声音会让他害怕，但过于熟悉的声音又令其失去兴趣。他的快乐正是源于听到这种既熟悉又带着陌生感的声音宣布游戏开始，这样的游戏帮助孩子获得使陌生变为熟悉的能力。之后在面对陌生人的时候，他就不会感到担忧，因为先前的游戏令他明白自己能够把眼前的人变得熟悉。经验告诉他能够战胜恐惧，孩子因此获得了在前语言阶段培养复原力的可能性。

但具备幽默能力并不意味着一劳永逸，因为其他的事件或者建立的新关系会对其产生影响，可能削弱或者强化这种能力。但无论如何，这是发展内在复原力的重要因素，因为获得这种能力的孩子在回忆起所经

---

① HITCHCOCK A.，1956，*L'Homme qui en savait trop*（电影）。

② STERN D.，1997，Conférence *in*：DUGNAT M.，*Les Interactions précoces*，Avignon，juin 1997.

历的创伤时，已经学会如何进行自我保护，他明白自己能够战胜困难。前文提到的那个对着护士喊道“你看我的孩子难受得想死”的母亲，很可惜，她的女儿永远也没有机会使自己摆脱创伤的折磨。任何事情对这个小女孩而言都是痛苦的，因为她那悲观的母亲一直生活在痛苦中，无法教会她如何正确地面对恐惧。即使是短暂的分离都会让这个孩子悲痛欲绝，因为她只会将痛苦放大，把分离视作诀别。而有着乐观轻松心态的孩子会笑对恐惧，甚至能够让别人从中感到快乐，把不幸的经历变成发展情感关系的策略。他不再对外界的刺激立即作出反应，并且开始有意识地掌控自己在前语言阶段的内心世界。

如果能为其赋予社交属性，“那么幽默感将会起到协调和解放的作用[①]”。从第十个月起，孩子开始对“假装游戏”表现出兴趣，说明他已经学会了去分享自己的内心世界。那么当他因为摔倒或受伤而感到难过的时候，就会去寻求并获得所需要的帮助，因为他知道如何将自己的痛苦转化成推动关系发展的动力。在这个寻求帮助的过程中，他所求助的主要是自己的依恋对象：父母、看护者或是小伙伴。一些成年人非常喜欢这种在情感上被需要的感觉，他们很乐意向孩子施以援手，有时候甚至表现得过分热情，而孩子在这个过程中得以不断发展自己的幽默能力。但另一些人面对孩子的求救会想起自己曾经遭受过的痛苦，并因此感到害怕，从而无法回应这种需求，那么孩子也会因此渐渐失去这一促进复原力发展的因素。

一个人无法完成一场表演。我们需要有对手来共同完成演出，也需要观众的反馈来肯定我们做出的努力。如果依恋对象能够配合孩子进行“表演”，那么孩子就会变得越来越有幽默感。他长大以后会非常具有创造性，并且能够充分享受突发事件带来的乐趣。

---

① AIMARD P. , 1988, *Les Bébés de l'humour*, Pierre Mardaga, p. 333.

复原力发展的基础

伤害事件也许会影响到精神系统的各个环节，比如生理基础、情感发展或者个人经历等不同层面。但在各个方面，复原力都有可能发展起来。

在基因发生突变的情况下，恢复的可能性虽然很低，但并非完全不可能。最知名的案例便是我前面提到过的苯丙酮尿症。如果不加以控制，这种疾病会导致患者智商低于五十。然而这个由位于 12 号染色体上的变异基因所引起的遗传性疾病存在着复原的可能性。有些智力正常的人会意外被发现患有这种疾病①，也许是因为遗传带来的缺陷被其他新陈代谢所弥补。

近期发现的因脆性 X 所造成的智力低下症是因为一段三核苷酸重复序列扩增并堆积在 X 染色体上，导致相邻位置的基因表达受限。这种遗传病令患儿无法和人进行眼神交流，也无法清楚地表达自己的观点，通常表现为多动、急躁、说话喋喋不休却让人无法理解。如果周围的人对患儿表现出来的语言障碍反应过度，则很有可能加剧孩子的症状。但是一旦家属们了解孩子只是无法自如地进行表达，而理解力并不受影响时②，他们就能更好地进行应对，孩子的语言障碍也会有所缓解。

威廉姆斯综合征的情况则恰恰相反。第 7 号染色体部分区域的缺失同样会导致智力低下，但患者的表达能力却并没有受到影响。事实上，罹患此病的孩子拥有惊人的音乐记忆力，在不理解意思的情况下，他们

---

① PLOMIN R., FRIES J. DE, Mac CLEARN G., RUTTER M., 1999, *Des gènes au comportement*, De Bœck Université, p. 147.

② DYKENS E. M., HODAPP R. M., LECKMAN J. F., 1994, *Behaviour and Development in Fragile X Syndrom*, Londres, Sage.

也能够完整地复述出听到的长句①。

受基因影响而导致的行为障碍不胜枚举。通过分子改造或者互动提升等方式，这些遗传性疾病不再是无法治愈的。如果家属能够更深入地了解患儿的内心世界，就会促进关系的改善，并帮助孩子进行恢复。诚然，受到生理因素的制约，这种恢复并不是系统性的，但仍有可能实现。如果遗传疾病导致患儿发育受阻，其恢复的可能性较低。但倘若发育已经完成，即便与正常情况存在差异，恢复也变得很有可能。这也就是为什么对于一些严重的脑疾病患者而言，当他们的行为障碍被旁人理解时，相应的问题会得到明显改善②。

所有孩子都是在双重约束之下形成其特有的气质类型和行为风格。天性会让他产生靠近他人的冲动，而对方的反应则是促进其发展的力量。如果这种力量较为稳定，和对方的相处模式就会印刻在孩子的记忆中，形成内部工作模式③。当一个新的事件发生时，孩子会根据情况进行调整，并参照自己在先前事件中所获得的行为模式做出反应。因此，在其心理发展的每一个阶段，孩子都会对未曾见过的新鲜事物表现出兴趣。这一推论是基于人类行为学和精神分析的交叉研究④。人类行为学指出，行为和情感只能在特定的时间通过特定的顺序存在于人的记忆中⑤。人们对于出生以后最初的一段时间往往没什么具体的印象，随后会依稀记得

---

① BONVIN F., ARHEIX M., 1999, *Étude du comportement vocal et langagier dans le syndrome de WILLIAMS-BEUREN*, Diplôme universitaire d'éthologie, université Toulon-Var.

② GUILLEMARD-LAGARENNE B., 1998, «Les stéréotypies sont des "gestes communicatifs": l'organisation gestuelle d'un handicapé mental», *in*: SANTI S., GUAÏTELLA I., CAVÉ C., KONOPCZYNSKI G. (éd.), 1998, *Oralité et gestualité*, L'Harmattan, p. 227 et application pratique: VILLALOBOS M. E. et SAVELLI B., 1997, hôpital San Salvadour, Hyères.

③ BOWLBY J., 1969, *Attachment and Loss*, vol 1, *Attachment*, Londres, Hogarth Press.

④ PARENT S., SAUCIER J. -F., 1999, «La théorie de l'attachement», *in*: HABIMANA E., ETHIER L., PETOT D., TOUSIGNANT M., *Psychopathologie de l'enfant et de l'adolescent*, Gaétan Morin, p. 35.

⑤ DORÉF. Y., 1983, *L'Apprentissage-une approche psycho-éthologique*, Stanké-Maloine.

两岁左右出现过的一些图像和声音，而从五岁或六岁开始的记忆则是相对完整的故事。在各个年龄阶段，同样的事件所引发的痛苦感受并不相同。

针对上述推论，安娜·弗洛伊德给出了第一个有力的证明，她描述过一个名叫简的小女孩的故事。1941 年，四岁的简来到了位于伦敦的汉普斯特德托儿所①。那时的她非常开朗又善于交际，“对一切新鲜事物都充满兴趣”。然而好景不长，当简的父亲不幸去世，母亲不得不外出工作时，这个小女孩像变了一个人似的，整日“郁郁寡欢”。曾经为她带来许多探索乐趣的托儿所在家庭的变故发生之后也成了伤心之地。因为失去了安全基地，任何陌生的事物对简来说都是一种刺激。她的性情气质也发生了变化，从原来的安全型依恋转变为焦虑的过度依恋。她越来越依赖托儿所的所长，为了取悦她，努力使自己成为好学生。另一方面，简变得难以承受“失去”带来的后果，失去任何东西都会让她非常痛苦。从前父母还在她的身边时，如果有东西不见了，简会去寻找，但很快她的注意力就会被其他东西吸引。而现在，无论何种形式的“失去”对她而言都是一种折磨。她的猫死了以后，简感到痛苦难耐，以至于当时还是个孩子的她说了这样一句话：“这个世界上不应该有丢失的猫。②”她决心长大以后成为一名兽医，为了“给每个没有妈妈的孩子送去一只猫”。在简二十二岁的时候，她的妈妈决定再婚。起初，简表现得很高兴，但连她自己也没有想到的是，很快她就感到悲愤不已：“我觉得自己仿佛失去了母亲。”针对简的情况，如果想要恢复，她只能去寻找和建立另一种稳定的情感关系。

这项首次将长期直接观察与心理治疗相结合的研究表明，发生在童

---

① FREUD A., BURLINGHAM D., 1941, «Monthley Report of the Hampstead Nurseries», *in*: HELLMAN I., 1994, *Des bébés de la guerre aux grand-mères*, PUF, p. 4.

② *Ibid.*, p. 49.

年时期的情感剥夺会让孩子变得脆弱，只有通过后期的补偿才能得以恢复。创伤会在记忆中留下印记，它也许会被自身的防御机制所掩盖，却不会消失。当父母离开后，简的情感出现缺失，但她通过努力战胜了不幸带来的痛苦和绝望。她获得了托儿所所长的喜爱，成了好学生。同时，她也非常热心公益事业，饲养了很多小动物，并将它们送给孤儿院的孩子们，希望为他们带去情感的慰藉。在这个过程中，她结交了很多朋友，找到了生活的意义。直到二十二岁，当她得知母亲再婚的消息，尽管内心非常希望母亲得到幸福，年幼时因情感缺失所造成的痛苦回忆却再次被唤醒。让简再次从痛苦的经历中得以恢复的是她和丈夫之间稳定的情感，这对她而言非常必要……“然而，对她成长过程的观察及目前性格的评估表明，童年的创伤既没有阻碍她的成长发展，也没有给成年以后的生活造成困扰。”伊尔莎·赫尔曼如是说，不过她应该加上这一句：“因为一些帮助复原力发展的因素发挥了作用。”

有时候，孩子所处的环境一切正常，但是自我发展却戛然而止。突然之间，孩子无法理解他从别人身上感知到的，其实是自己内心的所思所想。他不再对假装游戏感兴趣，总是回避依恋对象的目光，甚至不再愿意用手指着那些引人注目的物体来和旁人分享他的故事。事实上，有以上三种行为，表明孩子可能存在着某些严重的障碍问题①。巴伦-科恩曾经向一万六千个孩子的母亲发出过一份问卷。这些孩子都刚满十八个月，调查的目的是了解在这个年纪，这些孩子是否有上述三种行为表现。根据问卷结果，有一百十二个孩子可能存在问题。通过与这些孩子的父母打电话沟通，一个月后，巴伦-科恩注意到有问题的孩子的数量下降到了四十四名。他给这剩下的四十四名孩子做了检查，其中三十二

---

① BARON-COHEN S., ALLEN J., GILLIBERG C., 1992, «Can Autism be Detected at 18 Months? The Needle, the Haystack and the CHAT», *British Journal of Psychiatry*, 161, p. 839–843.

名因为各种各样的原因出现了发育迟缓的问题，这些原因包括孩子或母亲身患疾病、孩子长期与外界隔绝或者生活出现了变故。在意识到相应的问题后，其中十四个孩子很快就恢复了正常的发展。但另外有十个孩子在十九个月大的时候被诊断出患有自闭症，而通常情况下这种疾病要等到三岁半左右才能被检测出来。由此可见，前文提到的三种行为（即不再有眼神交流、不再做出模仿和假装的动作以及不再用手指指点点）可以用来识别早期阶段出现的人格发展的严重停滞。

父母的关系影响着复原力发展的基础

有时，与上述提到的情况相反，孩子的发展一切正常，但他所处的环境却非常糟糕。布洛斯夫人在生下小奥黛丽的时候，正处于抑郁之中。十二个月大的时候，奥黛丽还不知道如何从除了母亲之外的其他人身上寻找到安全感。只要母亲情绪平复了一些，有力气照顾她，奥黛丽就会立马扑到母亲的怀里，紧紧抱着她或者用力拍打她，表现出对母亲焦虑而又矛盾的过度依恋①。

如果经常去观察那些郁郁寡欢的母亲的孩子，不难发现孩子和母亲之间的互动是非常匮乏的②。因为母亲自己很痛苦，她和丈夫的关系也很糟糕③，因而无法让孩子学会如何变得讨人喜欢而使其他人愿意照顾自己。这些母亲和孩子之间的眼神交流总是很短暂，而且他们的面部表

---

① MURRAY L., 1996, « The Impact of Post-natal Depression and Associated Adversity on Early Mother-infant Interactions and Later Infant Outcome». *Child Development*, 67, p. 2512–2526, *in*: SUTTER A. L., 1998, «La dépression post-natale. Ses conséquences sur la relation mère enfant», *Abstract Neuro-Psy*, no 18.

② PERARD D., LAZARTIGUES A., 1989, « Une mère dépressive et son nourrisson», *Psychiatries*, no 86, p. 43–49.

③ TOURETTE C., 2000, *Apprendre le monde et apprendre à en parler*, Troisième journée scientifique de l'école d'orthophonie de Lyon, 24 novembre.

情都很僵硬，看不到任何喜悦的样子。母亲懒言少语，说话时语调毫无起伏。而孩子发出的咿呀学语声同样很微弱，持续时间很短又非常单调。母亲与孩子之间也很少会有肢体接触，偶尔进行拥抱时他们都表现得非常疏离和冷淡，仿佛仅仅是完成一项任务，既感受不到对方的情绪也体会不到任何快乐。

成年以后，奥黛丽不明白自己为何仍然控制不住地想要去讨好母亲。在她看来，母亲对自己总是很冷淡，但对弟弟的态度却截然相反。直到有一天，她下定决心要去找母亲问个清楚。那时的奥黛丽已经五十九岁，她的母亲已经是八十三岁高龄了。面对女儿的质问，布洛斯夫人并没有表现出惊讶，甚至认为在过去那么久的时间里没有尝试解决这个问题是一件非常不可思议的事情。她很快向奥黛丽坦白了自己在生下她时感受到的痛苦和绝望。丈夫在整个孕期都对她漠不关心，在布洛斯先生眼中，自己的艺术事业和母亲都比太太和孩子重要得多。母亲对奥黛丽说："我当时甚至想杀了你，然后把你带走，因为我不想你像我一样受苦……后来，每次见到你，我都感到很绝望，你总是能唤起我心底不幸的回忆。比如，你在学校成绩很好，但我自己当年并不是个好学生，我因此非常嫉妒你……在度过那段痛苦的日子之后，我生下了你的弟弟，那时我已经对赢得你父亲的爱这件事不再抱有执念……因此，你的弟弟对我而言代表着幸福，我感到这个世界上只有他是值得我去爱的……"

这种情况在临床上相当常见，它证实了母亲内心的想法对孩子所处的成长环境影响重大，而这种环境又在一定程度上决定了孩子会变得内心脆弱还是拥有坚韧的性格。更重要的是，它也说明了父亲在孩子复原力的发展中起到的至关重要的作用。如果丈夫无法让妻子感受到爱意，那么作为母亲的妻子对孩子也很难正确地表达她的爱。相反，一个想要承担起丈夫和父亲责任的男人会令妻子感到温暖，并积极参与家庭三角关系的发展。要知道，生活在单亲环境中与拥有三角关系的孩子所感知到的世界是完全不同的。我们可以把单亲的环境看成一个与外界隔绝的透明泡泡，孩子在其中完全被他的依恋对象所俘虏，由对方支配着自己的情感世界。孩子就此被封闭在和母亲的世界中，这对他来说就是全部。外面的一切在他看来都是阴暗、无趣的，甚至会让他害怕。这种单一的、缺乏其他感受的“情感泡泡”会导致“习得性无助”，使得孩子长大以后仍然摆脱不了母亲为他建造的“情感牢笼”。在这种环境下长大的孩子永远不会了解如何去建立其他的情感关系。陌生的人和事会令他害怕，但是和母亲过于亲密的关系又让他感到厌倦。这些“活在泡泡中的孩子”在成年以后会成为抑郁症的风险人群，因为他们一方面非常排斥自己和母亲之间形成的这种依恋，另一方面又害怕失去它，无法从中找到平衡①。

奥黛丽的弟弟的自身发展也并不理想，但他感受到的痛苦和姐姐的截然不同。奥黛丽因为得不到母亲的爱而感到绝望，而弟弟则因为过多的爱而无法喘息。如果在这个家庭中，父亲能够承担起应尽的责任，也许母亲会感到安慰，而孩子们也不会被囚禁在情感的牢笼之中。

玛蒂娜·拉穆尔认为“一旦有了生孩子的打算，在怀孕期间，妻子和丈夫应该进行讨论，无论是思想还是行为上，他们应该做好迎接第三个人的准备……三口之家②就此建立”。在这个家庭三角关系中，孩子会学习到爱的不同方式。独自照顾孩子和有着亲密伴侣的母亲带来的感受是完全不一样的。如果是第一种情况，孩子只会被动地去接受作为照顾者的母亲给予的爱。但如果母亲除孩子以外有其他珍爱的人，那么她

① SATTO T., 1997, «Received Parental Styles in a Japanese Sample of Depressive Disorders», *British Journal of Psychiatry*, 170, p. 173-175.

② LAMOUR M., GOZLAN-LONCHAMPT A., LETRONNIER P., DAVIDSON C., LEBOVICI S., 1997, « De la microanalyse à la transmission familiale: des interactions triadiques père-mère-bébé à la triangulation intergénérationnelle», *Bulletin WAIMH*, novembre 97, vol. 4, no 2.

会表现得充满活力且不会事事以孩子为中心。而孩子对此也能有所体会，感受到爱的不同方式。如果他想要赢得母亲的爱，就必须学会讨她的欢心，而不是一味地进行索取。在这个过程中，孩子学会如何去爱，主动参与竞争。我们可以从中找到“安全型依恋”的影子：如果母亲不在场，孩子会去寻找其他替代品作为自己新的情感慰藉。

更重要的是，当孩子学会去建立不同的情感联系，他就为明确“文化归属[①]”做好了准备。如果孩子喜欢他的父亲和母亲，等长大一点，他就会对他们的家庭和过去产生兴趣。在不断了解自己父母的过程中，孩子渐渐学会比较，发现差异，进行探索，从而变得更加包容。

健康的家庭三角关系不仅有利于向孩子输出稳定的情感，塑造他的性格并让他形成对世界的清晰认识，也有助于令其变得更加开放和包容，因为他同时感受到了父母之间不同的性别、经历、给予爱的方式以及内心世界和文化认识所带来的差异。孩子就此拥有了进行选择的可能性，这也就是有些人所谓的“自由”。

在这一阶段如果发生变故，“自由”就会消失，因为予以支持的精神基础已然坍塌。但生命就像河流一样，孩子的发展因为突发的意外改变了方向，却仍然在继续。要让这条生命之河继续流淌，需要满足以下条件：首先，意外并未给孩子造成严重的伤害；其次，早期的成长环境帮助孩子塑造了较为健全的人格；最后，周围的人为孩子的恢复创造了条件。

---

① LEBOVICI S.，1992，*À propos de la transmission intergénérationnelle: de la filiation à l'affiliation*，Allocution présidentielle，Congrès WAIPAD，Chicago.

我们知道病因和治疗方法，但病情仍在恶化

在第二次世界大战期间，安娜·弗洛伊德、勒内·斯皮茨和约翰·鲍比[①][②]的研究表明，儿童在早期出现抑郁和情感缺失的情况非但没有减少，反而变得更为常见，甚至在一些富裕的家庭中也时有发生。

当我们明白了大多数由于情感缺失造成的问题都是可逆的，知道应该如何去做才能避免并且也照做了之后，为什么这类情况反而越来越多呢？事实上，上世纪五十年代在一些医院或者福利机构里常见的因虐待而造成儿童情感缺失的情况如今在发达国家已经很少发生了。得益于大众的认知，孩子一旦出现相应的症状会很容易被察觉，而医生通过新生儿“人际退缩[③]”的一些行为表现能够识别出早期的抑郁倾向。一开始，孩子只是略微有些反应迟钝，稍显自闭。“孩子目光呆滞，而母亲眼神涣散，他们之间的相处丝毫没有喜悦可言。[④]”发展到后来，孩子仿佛活在另一个世界，总是一动不动，两眼无神，脸上也没有任何表情，不吃也不睡。如果这种表现被理解为性格乖巧，周围的人不去进行干预而任由孩子这么发展下去，那他也许真的就会患上抑郁症。反之，如果父母认为一个身心健康的孩子应该时不时地胡闹来表达他的快乐，那么他们就会对这种反常的举动表示担忧。

事实上，造成问题的原因从来都不是单一的。当母亲独自面对孩子

---

① SPITZ R.（Préface d'Anna FREUD），1958，*La Première Année de la vie de l'enfant*（*genèse des premières relations objectales*），*op. cit.*，p. 117–125.

② RUTTER M.，1981，*Material Deprivation Reassessed*，Harmonds worth，Penguin.

③ GUEDENEY A.，1999，« Dépression et retrait relationnel chez le jeune enfant：analyse critique de la littérature et propositions. »，*La Psychiatrie de l'enfant*，1，p. 299–332.

④ MARCELLI D.，1999，« La dépression dans tous ses états：du nourrisson à l'adolescent »，*Neuropsychiatrie de l'enfance et de l'adolescence*，47，p. 1–11.

时，如果她情绪低落，就会向孩子传递痛苦。孩子会停止玩耍，发育也会变得迟缓，任何陌生的事物都会让他感到害怕。研究人员曾将三十五名新生儿组成一个实验组，他们的母亲在过去两年中都受到抑郁情绪的折磨。观察发现，这些婴儿在成长发育过程中发生障碍问题的概率比对照组要高出十四倍之多①。

母亲渐渐恢复，就能够慢慢向孩子提供更为稳定并令其感到快乐的成长环境。从第八周开始，婴儿会表现出对依恋对象的喜爱。如果这个对象非常稳定，那么孩子在和其接触的过程中也会令自己的行为稳定下来，并且展现出他最初的气质特征②。而之后性格的变化将会由孩子的成长经历决定。因此，母亲的抑郁情绪并不是造成孩子生长发育停滞的根本原因，尽管这样的情况在如今相当常见③，但我们应当去研究母亲为什么会抑郁。由于怀孕和生产造成了体内激素的巨大波动，一些女性对此很难适应。而荷尔蒙实际上能够起到让人兴奋的作用，这就是为什么很多年轻的母亲在生产过后感到情绪低落。怀孕让她们的生活变得非常充实，但孩子出生以后，她们却心灰意懒、怅然若失，就如同学生们在紧张的复习迎考过后突然放松下来时体会到的那种心情。生下孩子以后，这些母亲并不觉得自己得到解脱，而是认为自己变得一无是处。但造成产后抑郁的常见原因还是在于婚姻家庭、历史问题乃至社会环境。

婚姻家庭原因主要取决于丈夫在妻子生产之后如何对待她。如果丈夫不是第一时间向妻子表示关心，而是急着把孩子抱去给自己的母亲，

---

① STEIN A., 1991, « The Relationship Between Post-natal Depression, and Mother-child interaction», *British Journal of Psychiatry*, 158, p. 46-52.

② DAVID D., APPEL G., 1962, « Études des facteurs de carence affective dans une pouponnière», *Psychiatrie de l'enfant*, IV, 2, p. 401-442.

③ NAJMAN J. M., 2000, « Social Psychiatry and Psychiatric Epidemiology», *in: Abstract Psychiatry*, no 214, avril.

或者因为妻子还不能熟练地照顾孩子就出言不逊，这样的行为就会导致产后抑郁，并间接改变母亲对待孩子的方式。

如果母亲把一些负面的想法与孩子联系在一起，比如认为“这个孩子长得真像那个一直揍我的爸爸”，或者“正是因为有了这个孩子，我才无法离开这里回到故乡”，这便是导致产后抑郁的历史问题，通常与母亲自身痛苦的经历相关，使其在对待孩子时会采取对应的行为以达到转移痛苦的目的。

最后，我们还需要从社会环境层面寻找原因。社会技术的进步以及各项法律法规的出台使得女性在成为母亲以后享有了更多的权益。然而在母婴关系更加被重视的今天，孩子却变得越发孤独。针对儿童与父母之间分离问题的研究表明，虽然主流观点一直在强调关爱儿童的重要性，具体到每个家庭却未能被很好地落实。在意大利，一至三岁的孩子中约8%被托育；在美国和法国，这一比率高达40%和50%①。

诚然，托儿所和其他托育机构已经在各方面都取得了显著提升，孩子能够在里面得到充分的发展，因此很多年轻的母亲认为这些地方聘用的专业幼师比自己更有助于孩子的成长。我们时常会听到她们说：“快到周一吧，我等不及让女儿去托儿所了，她在那里比和我在一起更开心！”然而，托育机构的服务质量良莠不齐：在中国、俄罗斯和罗马尼亚，一些托儿所里的孩子们无法得到妥善照顾的例子屡见不鲜；而在法国，孩子们在托儿所里受到的照顾有时比在家里还要多。如今的情况与1952年罗伯逊（Robertson）② 拍摄的电影中的场景已相去甚远，当时电影中的小男孩会因为和父母短暂的分离而感到无比绝望。到了1974年，行为研究表明，在托儿所长大的孩子到了两岁或三岁的时候几乎都会表

---

① STORK H., 1988, «Les séparations mère-enfant», *Enfance*, no 41.

② ROBERTSON J., 1952, *Guide provisoire pour «Un enfant de deux ans va à l'hôpital»*, film scientifique, Londres, Tavistock Clinic, décembre 1953.

现出非安全型依恋的特征[1]。但是从八十年代开始，情况突然发生变化，托儿所里的孩子不再表现出这种依恋特征。照顾他们的保育员变得越来越专业，而且非常积极主动，为离开母亲的孩子营造了良好的成长环境。更重要的是，进入托儿所的不再是穷人的孩子。相反，那些家庭富裕、想要投身社会事业实现自我发展的女性更喜欢把孩子送到托儿所。然而，即使来到了托儿所，这些孩子的依恋对象仍然是自己的母亲。如果母亲已经成为深深烙印在孩子心中的安全感的来源，并且帮助他形成了早期的气质，那么托儿所对于孩子而言就是一个可以自由探索并实现发展的地方。

然而，条件的改善同时也带来了问题：孩子的发展并非一帆风顺。如果参加工作的女性在职场受到挫折而备感煎熬，她很有可能会在相处的过程中将自己的负面情绪传递给孩子。倘若托儿所很大，或者像我们的城市化社会一样“混乱无章[2]”，没有脉络清晰的组织架构，也不会定期举行活动促进互动交流，在这样的环境下成长的孩子也很难承受分离带来的痛苦。他因为害怕失去，所以会通过发展一种若即若离的依恋关系来进行自我保护，渐渐变得情感淡漠。为了避免付出过多而受到伤害，他从一开始就拒绝给予爱。但这样的生活变得毫无乐趣，就像截肢手术一样让人失去了很多的可能性，虽然手术的目的也是为了将伤害降到最低。在城市化的进程中，社会职业的调整和变动导致了不断变化的环境，催生了各类托育机构，令一切都在发生改变。

对于海军[3]或者那些高级别的公务员而言，这种情况非常常见，有

---

① PIERREHUMBERT B., BETTSCHART W., FRASCAROLO F., 1991, «L'observation des moments de séparation et de retrouvailles», *Dialogues*, no 112.

② MELHVISH E. C., 1988, «Étude du comportement socio-affectif à 18 mois en fonction du mode de garde, du sexe et du tempérament», *in*: CRAMER B. (éd.), 1988, *Psychiatrie du bébé, nouvelles frontières*, Eshel.

③ DELAGE M., 1999, «Vie du marin et sa famille. Quelques réflexions éco-systémiques», *Médecine et Armées*, 27, 1, p. 49-54.

些人甚至每过两三年就因为突然的调动被迫离开原来的生活环境。公司与家庭和孩子的利益并非完全一致，企业没有时间慢慢培养感情、确立绝对的忠诚①。也许有一天，我们需要国家来帮助抚养孩子，这并非不可能，因为曾经在不知情的情况下，我们也被迫生活在同一个地方、说着同一种语言、信奉同一种信仰，年轻一代无论男女、长幼、富贵或者贫穷，都依着既定的轨道从事相应的工作。但在那个年代，父亲总是会向孩子们灌输国家的方针，而母亲则通常会教导他们遵从上帝的旨意。国家依靠家庭实施管理，效果非常显著。

如今，科技的发展使得不断学习成为必要，并促进了人的个性发展。但同时，亲子关系越发疏离，家庭结构也日渐松散。也许在不久的将来，孩子的成长将在家庭以外的地方发生并展开？

女性贞洁与资本主义

事实上，在很久以前，当“生父”和“财产所有”的概念同时出现时，由此引发的变化发展在欧洲已然发生。没有财产和身份的男性无法给后代留下任何遗产，这样的人有了自己的孩子之后，即使整个村子的人都知道他是孩子的亲生父亲，倘若此时妻子与另外一个拥有土地、城堡或自己做生意的男人私通，前者的“父亲”身份就变得不堪一击。“在这种社会环境下，女子的贞洁成了父子关系的有力证明。②”女性在还是处女之身的时候嫁作人妇，自此以后不再被允许外出，那么在婚外性行为被定为重罪的情况下，她生下的孩子无疑只能是自己丈夫的。

不同文化背景下出生的孩子所面临的成长环境也完全不同。在赤道

① SENNET R., 2000, *Le Travail sans qualité*, Albin Michel.

② KNIEBIEHLER Y., 1991, *Conférence*, Relais Peiresc, Toulon, novembre.

非洲地区的某些民族之间流传着这样一种说法："养育一个孩子需要依靠整个村落。"村里的男人们一起承担了父亲的责任，教孩子耕地和打猎，年长的男性会要求孩子行为检点，也会有人告诉他怎么钻空子。妇女们则会聚在一起，在照顾孩子的过程中互相帮助，但亲生母亲始终是孩子最为依赖的人。难过的时候，母亲的安慰能很快让他平复心情。尽管与不同的对象都发展了一定的依恋关系，孩子在有需要的时候，第一个想到的还是自己的母亲①。这样的孩子如果不幸失去双亲，其未来的发展和那些成长于不同的文化背景之下、父亲角色缺位、被剥夺身份和财产继承权的孩子全然不同，后者在融入社会的过程中会面临很大的困难②。

在一个紧密团结的群体中，如果失去了依恋对象，孩子很快就能找到替代者。然而，在另一种文化中，男性要求女性从一而终，并为了自己"毋庸置疑的父亲"身份迫使妻子与世隔绝。这种文化背景下的亲子关系具有排他性，一旦孩子失去父母，对他的打击是毁灭性的。甚至在一些国家，比如孟加拉国，失去父亲的孩子就会被视作孤儿，被强制从母亲身边带走，送往一个匿名的收容机构③。正因如此，我们可以推断，同样在成为孤儿的前提下，非洲孩子会比孟加拉国的孩子更有可能变得坚强勇敢。不过，文化发展一直在经历变化，如果不改变，文化就会消亡。如今，因为政治、经济和公共卫生方面出现的问题，非洲民族性格中的宽厚和慷慨正在渐渐消失。在卢旺达，自大屠杀事件以来，人们就把被遗弃的儿童视作灾星。他们对此非常忌讳，派出军用卡车将这些孩

---

① MIMOUNI B., 2000, « Observation du comportement des enfants élevés dans des familles polygames », *in: Réparer le lien social déchiré*, VIIe colloque international de la résilience, Salon-de-Provence, 26 mai.

② MIMOUNI B., 1999, *Devenir psychologique et socio-professionnel des enfants abandonnés à la naissance en Algérie*, Thèse de doctorat d'État, Université d'Oran Es-Senia.

③ MINKOWSKI A., 1995, *Souvenirs futurs*, Châteauvallon, avril.

子集中关押起来①。

在西方国家，亲子鉴定已经代替了处女膜用来确定亲生关系。“生物特征”明确了孩子的亲生父亲是谁，他也应该承担起相应的责任。即便他不承认这个孩子，甚至压根不知道孩子的存在，法律也会迫使他把财产留给孩子或者向其支付一定的抚养费。

由此可见，贞操其实是资本主义强加给女性的一种约束，要求妇女恪守贞操的目的是确保财产得以被继承下去。而如今，亲子鉴定的出现将这种约束以个人的形式转嫁到男性的身上，令他们为自己的行为付出代价。一位著名的足球运动员不久前被勒令向一名女子支付一笔抚养费，该女子声称他是自己孩子的“亲生父亲”，也就是说他们发生了关系。这位运动员拒绝接受亲子鉴定，他的这一举动被视作默认了自己的行径，就如同在中世纪的时候，市镇长官和法官要求妇女当众“告发孩子的父亲是谁”，以便让这名男子跟孩子的母亲回到家里，承担起自己的责任。时至今日，情况又发生了变化。如果男性愿意花钱，他可以选择通过支付抚养费的方式和孩子保持距离，拒绝成为“情感上的父亲”；而现代技术正在帮助女性拥有这样的权利，让男性和孩子维持这样的“联系”。

这种淡漠的联系是为了适应技术发展带来的新问题。也许人们会觉得这只是一个关乎感情的问题，而事实上，它是一个社会问题。社会文化和法律法规在一定程度上维护着男性或女性的利益，这对孩子的成长环境也会产生影响。在罗马尼亚，存在着专为那些被认定“无可救药”的孩子开设的孤儿院，但里面的孩子几乎不可能恢复正常，因为这些地方太缺乏人性。直到国家决策者对这一问题表现出重视，这些孩子的生

---

① JACQUET F. , 2000, Colloque *Résilience*, Fondation pour l'enfance, Royaumont, 25-26 octobre.

活环境才慢慢得以改善。通过一些收养孩子的爱心人士、寄养家庭或是收容机构的努力，人们对于“魔鬼儿童”的看法有所改观，进而改变了这些孩子的未来。一旦有人愿意和这些孩子真心相待、建立情感联结，绝大部分的孩子，哪怕是那些看上去最顽劣的孩子，都会抓住这个机会，恢复自身的发展①。而当思想发生变化以后，一些孤儿院的工作人员也开始调整对待孩子的方式，并对他们的生活环境做出提升和改善。当不再带有偏见地去看待这些孩子，人们惊讶地发现他们可以和正常的孩子一样成长。诚然，这些孩子仍然活在痛苦中，但至少他们重新开始尝试去生活、去学习、去爱。他们教会了我们这样一个道理：“如果世界上能多一些接纳，就会少一些犯罪和孤独。”

在采集和狩猎时代，女性并没有丈夫，孩子也自然没有父亲。家庭关系围绕母亲发展。她是孩子依恋的中心人物，周围是一些其他的女性，最外圈则被男性包围。孩子成为孤儿的情况较为常见，但即便是这样，他所处的这个人际关系环境并不会因此发生太大的变化。“这种模式看上去很稳固，但实际上并不稳定也不完整，甚至有些‘支离破碎’。因为死亡的情况时有发生，夫妻关系很容易瓦解，活着的人会寻找新的对象，发展出新的关系。例如，在十八世纪，因为夫妻双方中有一方过世，而且二十一岁到四十岁之间的妇女死亡率较高，导致一半以上的婚姻关系（51.5%）维持的时间不到十五年，超过三分之一（37%）仅持续了不到十年时间……②”这就是为什么有些男性一生可以结三到四次婚，却从来没有离过婚。在这种情况下，人们几乎每六个月就会为逝去的亲人举办一次葬礼。而之所以大家会认为家庭关系非常稳固，是因为每当有成员过世，家庭就会进行重组，接纳新的成员，以便为孩子建立

---

① STAN V., 2000, «Un lien nouveau: “défi ou déni” pour les bébés abandonnés», *in: Réparer le lien déchiré*, *op. cit.*

② CAPUL M., 1989, *Abandon et marginalité*, Privat, p. 76.

稳定的家庭关系。

这也说明了同样面对父亲的死亡，为什么有些孩子难以承受甚至一蹶不振，而成长于另一个家庭、另一种社会文化的孩子却能够从打击中恢复过来，继续成长。

父亲参与孩子早期发展，能够助力其未来成长

孩子如果在早期发展阶段就能拥有父亲的陪伴，那么他就会获得一种社交能力，在日后的生活中能够勇敢地面对挫折和打击。目前，对于这方面的研究最有建树的当属让·勒加缪斯。他研究的对象既不是社会学意义上的“父亲”，因为这个对象在不同的社会文化中会发生变化，也不是人们口中所描绘的具有象征意义的“父亲”。他关注的是“真正的父亲”对孩子的影响，也就是那个给孩子洗漱、陪玩、喂饭，同时也会承担训斥和教育责任的人。这个有血有肉的父亲就好比火箭的“发射台①”。对于出生不久的孩子来说，此时的父亲和母亲只是一个个活生生的人，但由于他们的性别差异，带给孩子的感受也会有所不同。

母亲会经常对孩子微笑，给他唱歌，但比起父亲，她让孩子进行肢体活动的机会较少。她会显得更为知性和温和。而父亲和孩子在一起时通常沉默寡言，表情严肃，却会想方设法让孩子动起来，和他玩“举高高”的游戏，经常引得孩子哈哈大笑②。几个月后，这两种不同相处模式会对孩子社交能力的发展产生不同的影响。“父亲通过游戏让孩子感受到稳定的状态被打破，以此促使其不断适应新的环境。③”在这个过

---

① LECAMUS J., *Le Vrai Rôle du père*, *op. cit.*, p. 41.

② LECAMUS J., 1995, « Le dialogue phasique: nouvelles perspectives dans l'étude des interactions père-bébé», *Neuropsychiatrie de l'enfance et de l'adolescence*, no 43, p. 53–65.

③ LECAMUS J., *op. cit.*, p. 42.

程中，父亲不断帮助孩子成长，让他学会如何面对变化和风险，而母亲的微笑和鼓励则起到了调节孩子情绪的作用。

父亲和母亲带来的感觉差异使得孩子渐渐学会了用不同的方式和他们相处，这也表明孩子有了自己的认知。对他而言，父亲和母亲是两个不同但被联系在一起的依恋对象。如果在之后的成长过程中，孩子因为各种原因短暂或长时间得不到关爱，或者他的父母需要离开甚至不幸离世，孩子曾经和父母的相处模式会令他明白如何与其他人相处，从而拥有继续恢复发展的可能性①。和谐的家庭关系中，父亲和母亲紧密联系又各自独立，而生活在这种家庭氛围下的孩子具备了与不同的人发展不同关系的能力，在遇到挫折时能更快地做出调整并进行适应。比如，假设一个成长于上述家庭环境中的孩子在二十个月大的时候被迫离开父母，那么来到了新的环境以后，孩子会自然地根据先前的经验，针对不同的需求去寻找不同的对象：当他想要进行肢体活动时会去寻找男性，而在需要情感慰藉时则会寻求在场女性的帮助。这样的孩子因为感受过“真正的父亲”的关爱，已经学会了如何去面对新鲜事物。

在一些地方，当地文化导致孩子从出生起就没有父亲。如果孩子是由一群女性共同来抚养，家庭的三角关系仍然能够发展，因为有第三个人参与其中。但是，倘若孩子的母亲性格强势，一心只想“拥有一个属于自己的孩子”，开放的三角关系将会被一种控制关系所取代。乍一看这种关系仿佛很美妙，但渐渐地就会因为过多的爱而令人感到窒息。

如果丈夫去世或者离开家庭，这时也只剩下母亲独自一人面对孩子。这种情况下，三角关系仍然可以维持，但前提是有另外一个男人加入进来，取代原先孩子父亲的位置；或者母亲在丈夫去世后，仍然经常

---

① BOURCOIS V., 1993, *L'Influence du mode d'engagement du père sur le développement affectif et social du jeune enfant*, Thèse de psychologie, université de Toulouse.

给孩子看父亲的遗物和照片、讲过去的故事、美化父亲的形象，通过这样的方式让孩子觉得自己的父亲从未离开①；抑或其他人，比如孩子的外祖母、姨妈甚至是母亲的好友，愿意参与并发展三角关系。

造成个体具有不同性别特征的原因不仅仅是生物性的，同时也是历史性和社会性的。如果孩子在前语言阶段就失去了父亲，这会令他之后的认知和社会生存能力的发展都受到阻碍。面对同样的痛苦，男性和女性的表现也存在差异，日后的发展也不尽相同。通常而言，这种打击对男孩造成的负面影响比对女孩要来得更为严重。也许这是因为父亲离开以后，孩子只能和母亲相依为命，女孩能够较好地适应这种只有女性存在的环境并继续实现自我发展，但男孩在渐渐长大以后因为性别原因不能再和母亲表现得过于亲密，否则会被外界诟病。当孩子被迫和母亲分开，却找不到其他力量支撑他继续发展，那么孩子会在痛苦中越陷越深，直至灭亡或者爆发。

针对这一观点，莱维-希夫（Lévy-Shiff）② 曾经做过深入的研究。他分别对二十个女孩和二十个男孩进行了观察。这些孩子的父亲在他们出生以前就已经去世了。通过三年的时间，莱维-希夫将这四十个孩子的成长情况与另外一百三十九个和他们年龄相仿且背景相近的孩子进行对比，得出的结论是那些失去父亲的孩子对他们的母亲会表现出过分依恋。与此同时，这些孩子缺乏探索精神，而且更加情绪化，短暂的分离就会令他们非常痛苦以至于无法平复心情。虽然母亲在描述中会将已经离去的父亲打造得非常完美，但因为这一角色在现实生活中的缺位，总体而言，失去了父亲的孩子会变得缺乏自主性和创新精神。他们事事听从母亲，但在遇到挫折时又会反过来责备母亲。

---

① SAIRIGNÉG. DE, 1995, *Retrouvailles. Quand le passé se conjugue au présent*, Fayard.

② LÉVY-SHIFF R., 1982, «The Effects of Father Absence on Young Children in Mother-headed families», *Child Development*, 53, p. 1400-1405.

当一位父亲在真正尽到应承担的责任之后不幸去世，他的孩子已经具备了发展复原力的必要条件，即寻找到能够继续帮助其实现自我发展的人。阿尔诺·彼得森（Arno Petersen）为此开展了跟踪调查，并比较了两组不同的孩子的发展情况。第一组由十八个男孩和九个女孩组成，他们自出生起就由母亲独自一人抚养；第二组有十个男孩和十九个女孩，他们都在几个月大的时候就失去了自己的父亲，但在此之前，他们生活在与父母一起营造的三角关系中。观察发现，第一组孩子十分依赖自己的母亲，但矛盾的是，他们对母亲的爱又会带有敌意；而第二组孩子因为曾经和自己的父母一起生活过，虽然他们对此可能已经没有印象，但这段经历在记忆中留下痕迹，让这些孩子变得勇于探索又善于社交，对于男孩来说尤其如此①。

通过研究父亲对孩子的影响，我们可以得出这样的结论：就孩子的发展而言，亲生父亲是谁并不重要，关键在于有一个真正能担负起父亲职责的人在成长的早期阶段给予陪伴。这段与父亲相处的回忆能够帮助孩子，特别是男孩，成长为可以游刃有余地处理人际关系和欣然面对陌生事物的人。

当社会和国家也开始弱化“父亲”的职责

事实上，并非所有的父亲都愿意或者有能力成为“真正的父亲”。如果一位父亲不幸离世，他只能活在孩子的记忆中，这将会使孩子的成长受到影响。回忆里那个永远不会老去的英雄父亲的形象令孩子沉迷于想象世界，进而忽略现实中与他人的相处，而这无疑会对他未来的发展

---

① PETERSEN F. A., 1976, «Does Research on Children Reared in Father-absent Families Yield Information on Father Influence?», *The Family Coordinator*, 25, p. 459-464.

造成问题。

有时候，导致父亲无法承担其应尽责任的原因在于整个社会文化，因为一个人的发展必然会受到他所处的社会环境的影响。那些逃避父亲责任的男性也许是因为过去的经历让他们意识到成为父亲是一件非常痛苦的事情，或者是因为他们身处的社会文化环境完全不涉及任何关于“父亲”在家庭中应承担的职责与功能。

讽刺的是，这正是我们所面临的情况。自上世纪七十年代以来，女性意识开始觉醒，她们希望自己不再仅仅是“妻子”和“母亲”，因为这意味着她们只是男人的附属品和孩子的牺牲品。妇女们渴望实现自我发展，积极投身社会建设。与此同时，“父亲”的角色正在变得越发模糊。前文提到过的对于女子贞洁的重视从本质上说明了财富的增长使得“父亲”这个称谓也带有了资本主义色彩。虽然我们呼吁让父亲参与到孩子的成长教育中去，但法律和社会对此却并未助力。如今在人们的观念里，所谓“西式父亲”指的是那些在家庭重组之后对继子视如己出的男性，但他们其实并没有被家庭真正地接受。对于母亲和孩子来说，这样的父亲只是一个替代品，让他们脱离孤独和痛苦，并且能够在日常生活中获得照料。曾几何时，父亲的形象非常鲜明：在古罗马时期，他们要么承担起抚养孩子的责任，要么就让孩子自生自灭；到了中世纪，出身尊贵的男性成为父亲以后会教孩子狩猎和读书；拿破仑王朝的父亲们则代表国家在家庭中发号施令。然而，如今的父亲早已不是当初的模样了。

直到不久以前，“父亲”代表的含义仍然十分明确，而母亲作为家庭生活的主导者，从社会层面而言，只是丈夫的附属品。如今，在重组家庭中，新来的父亲正渐渐成为“妈妈的伙伴”。孩子可以和他相处得很好，有时甚至比和原来的父亲在一起时关系还要融洽。但新的父亲在家庭中发挥的作用却越来越小，因而无法在孩子的内心留下很深的烙印。甚至有些女性明明希望丈夫能够承担起责任，但在实际生活中，她们的行为却无意识地弱化了父亲在家庭中的作用。如果一位父亲来托儿所或学校接孩子，老师们通常会不自觉地对他说出这样的话："麻烦回去告诉您的太太，伊娃已经喝过奶了，我们也给她喂了糖浆。①"新来的父亲只有与孩子建立起真正的关系以维系亲情的纽带，才能在新的家庭中拥有属于自己的位置。尽管推崇这种父子关系也许会让母亲在离婚时面临失去孩子抚养权的风险，但这么做能够让男性再次承担起自己的责任。

也许有一天，父亲在家庭中不再具有任何功能，因为宛若隐形人的他很容易就会被忽视以至消失，而这种情况在过去曾经发生过。三千多年以前，属于伊朗-斯拉夫混合游牧族群之一的斯基泰人占领了黑海北部地区。在这个族群中，男性从小接触到的只有战争、射击和骑马。当暴力成了斯基泰文化中的适应性价值，那些强壮好斗的人就会非常享受这种生活。而作为"第二性"的妇女们只负责一些"次要"的工作，比如文化和艺术的发展、教书育人以及家庭生活。我们可以想象，在这样的社会背景下，女性有了孩子以后都会梦想把他培养成英雄，随时可以为了民族做出残酷却光荣的牺牲。这样的环境也必定会造就一大批坚韧不拔、意志顽强的人，因为整个社会都在鼓吹和弘扬"轻伤不下火线"的精神。

据说这种文化至今仍在一些地方流传。在新几内亚，妇女们负责照料日常生活，这样男性就能够全身心地投入到他们所认为的唯一重要的工作：在悬崖峭壁上搏斗。

五十年前，在欧洲，由于纳粹十分重视人种，他们甚至考虑强制要求长相俊俏的金发女郎和高颅顶的英俊男性交配，生下孩子以后交由国

---

① CASTELAIN-MEUNIER C., 2000, «Désenclaver la paternité», *Le Monde*, 16 juin.

家抚养，目的就是为了培养高颜值、高素质的下一代①。当时，西方社会对于评判外貌有着一套严苛的标准，对任何一个部位都要精确地计量。践行纳粹优生理论的“生育农场”（Lebensborn）也奉行着这种理念。在那里，一切都需要被丈量，比如身高、颅顶高度、鼻子长度、两眼之间的距离等等，仿佛孩子的特征都是由这些精确的数字决定的。当男性被各种数字衡量时（身高、体重、速度、财富），女性也被用同样的标准进行评判。为了“提升”妇女的地位，政府组织了母乳比赛（最优秀的母亲每周能够产出近23升母乳），并为积极生育的母亲颁发奖章［生下十八个孩子的母亲将获颁“康纳克-杰伊”（Cognacq-Jay）奖］。在法国也存在着一些“生育农场”，许多没有丈夫在身边的妇女在这里通过“帮助”生下一些漂亮的孩子②。这些婴儿在出生以后就获得了“雅利安人”的认证，说明他们的基因完全被认可，被认为是完美无缺的。但他们之中能够健康长大的人寥寥无几：8%的孩子死于情感缺失，80%的孩子患有严重的智力障碍或成为精神病罪犯。极少数人得以融入社会，为此也付出了沉重的代价，以至于他们会非常排斥自己的出身③。

与此同时，伦敦大轰炸令无数孩子失去父母，不得不被送至孤儿院，但他们的结局不尽相同：在一些孤儿院里，孩子得到照顾，能够存活下来；另外还有37%的孩子因为找不到情感寄托，只能在孤独中慢慢走向死亡④。

活下来的孩子中，大部分也会出现品行或者精神问题，有一些会变

① MASSIN B., 1990, «De l'eugénisme à "l'opération euthanasie": 1890-1945», *La Recherche*, no 227, décembre 1990, vol. 21, p. 1563.

② Témoignage de Mme LILLY, infirmière, *in*: HILLEL M., 1975, *Au nom de la race*, Fayard, p. 58.

③ RÉMOND J. -D., 1999, *Une mère silencieuse*, Seuil.

④ SPITZ R., 1958, *La Première Année de la vie de l'enfant*, PUF, p. 120.

得重度智力低下。然而，个别孩子在他们周围找到了依靠，凭借外界的力量，恢复了自身的发展①。

齐奥塞斯库（Ceausescu）也认为儿童的成长发展不需要情感的滋养，而事实上，40%的孤儿以及被遗弃的孩子正是死于这种想法。如今，在阿尔及利亚的托儿所里，被父母遗弃的儿童的死亡率从1977年的25%上升到1986年的80%②，而一般婴儿死亡率仅为5.5%。这些数据表明了创伤带来的后果因人而异。几乎所有的孩子在出生那一刻都是健康的，有一些孩子不幸离世是因为周围没有帮助他们复原的力量。很多孩子长大后走上了犯罪道路或者产生了精神问题，背后的原因在于他们虽然个性坚强且懂得抓住一切可能的机会让自己复原，但这些机会过于渺茫，使得他们也许能够活下来，却不足以支撑自己回归社会。仅有极个别的孩子坚定地走在成长的道路上，即使因为“命运多舛”而遭受了一连串的打击，他们仍然具备发展复原力的能力，并且可以凭借获得的帮助保护自己免受伤害。

丧亲之痛——震耳欲聋还是悄无声息？

如果一个孩子在学会说话之前失去了母亲，他也许会就此变成行尸走肉，因为孩子所感知到的世界会变得荒芜，他的记忆中也不会留下任何痕迹。如果孩子在说话之前失去的是父亲，他也许会丧失对生活的兴趣与激情，因为所处的环境毫无乐趣，令他反感。社会认知决定了父母对于孩子的影响，我们习惯于给“父母”赋予各种职责和意义。文化背景的不同使得孩子们在成长过程中身处的情感和社会环境也有所区别。

---

① HELLMAN I., 1994, *Des bébés de la guerre aux grand-mères*, PUF.

② MIMOUNI B., 1999, *Devenir psychologique et socioprofessionnel des enfants abandonnés à la naissance en Algérie*, Thèse de psychologie, université d'Oran Es-Senia, p. 136.

但无论是哪一种文化，都应该为孩子营造一个稳定且存在差异性的环境，帮助其建立“成长框架”。

孩子在幼年时期如果经历了亲人的离世，这也许会对他产生持续的影响。但奇怪的是，有时候这种影响又非常短暂，甚至几乎为零。事实上，这种差异取决于丧亲这件事的“强度”[①]。正如一些特定的事物会引起孩子的关注，有些对于成年人来说“震耳欲聋”的事件在孩子眼里却“悄无声息”。如果孩子在尚未学会说话之前就失去了双亲，他的情感世界会变得荒芜，而这种缺失将影响其成长和发展。倘若此时有人能够持续地关爱他，孩子的身心就会恢复发展。比如当他被收养以后，如果领养家庭和原来的家庭相似，而且孩子自己也愿意积极地融入到新的家庭关系中，恢复发展的可能性就会非常高。但是对于混乱型、回避型或矛盾型孩子而言，这种可能性会变低，这主要取决于领养家庭对他的表现做出的反应。有些孩子在刚被遗弃的时候会有诸如大喊大叫、过度活跃等表现，这其实是他在尚未学会说话时为了寻求帮助而发出的信号。然而，这种做法会让照顾孩子的成年人感到心烦意乱，尤其是当对方并非心甘情愿地付出或者本来就很容易焦虑时。如此一来，孩子的不良情绪对周围人造成了间接的影响，使得他们在无意中越发忽视他的需求，进而造成恶性循环。同样面对失去双亲变为孤儿的现实，有些孩子的反应却出人意料，他们反而会比原先表现得更为平静，熟睡的时间也更久[②]。事实上，这种做法保护了他们。我们可以从两方面来分析：一方面，相比其他的孩子，他们面对失去不会过分痛苦，也不会因为反应过度而身心俱疲；另一方面，这些情绪稳定的孩子更讨人喜欢，所以更容易被收养。情绪容易波动的孩子对外界事物的刺激会表现

---

① DEBONO K. , 1997 , «Les deuils dans l'enfance» , *Abstract Neuro et Psy*, 15–30 septembre.
② MIMOUNI B. , *op. cit.* , p. 82.

得非常敏感[1]，而情绪稳定的孩子已经懂得了在遭受挫折的时候躲进自己搭建的“避难所”。

慢慢长大以后，孩子就会明白什么是“死亡”。到了六七岁的时候，困扰他们的不再是“失去亲人”这件事带来的感受，而是对“失去”的看法。这个阶段的孩子会因为自己内心的想法而感到痛苦，比如他会对自己说：“我是一个不幸的孩子，因为我没有妈妈。”而旁人的看法又会让孩子陷入自我贬低：“老师们都说我是一个非常糟糕的孩子，没有前途和未来。我通过了雕刻职业能力考试，我那个喜欢评判一切的养母对此表示了肯定，她说能够取得考试的成功对我这样的孩子而言实属不易。听到她这么说，我马上也为自己感到骄傲。[2]”

当我们对那些受到侵害或者失去亲人的孩子的成长过程开展研究时，有两个现象值得关注：首先，这些孩子罹患各种精神疾病的风险非常高（比如恐惧症、强迫症、歇斯底里症、焦躁症等）；其次，这些疾病的症状表现并不会持续[3]。当然，如果孩子的成长环境保持不变，那么他的病症会持续，但通常情况下，因为生活充满不确定性，这种情况不太会出现，除非一成不变的社会文化导致了某种制度的建立。

第二次世界大战后，一些因为被遗弃或者出于母亲生病、家庭贫困以及单亲等原因而进入福利院的孩子被迫在那里开始了他们的社会生活。那些“著名的福利院，例如由爱弥尔·左拉（Émile Zola）创办的梅丹福利院以及巴黎公共救助机构（Assistance Publique）建立的大型‘康复之家’，在很长一段时间内都是流浪儿童的聚集地，但生活在这里的孩子却不可避免地出现了严重的心理问题，并通常伴有智力发育

① BRAZELTON B. , 1985, *Trois bébés dans leur famille*, Stock.

② GUÉNARD T. , 2000, Témoignage *in: La Résilience, le réalisme de l'espérance*, Colloque Fondation pour l'enfance, Paris, 29–30 mai.

③ DEBONO K. , *op. cit.*

迟缓①”。当社会舆论开始发生变化，固有的观念被打破，童年遭受同样创伤的孩子因为成长环境的不同而走上不同的发展道路时②，我们可以得出这样的结论：也许造成问题的正是制度本身。一些决策者因为担心贫穷的家庭会影响成长发育而选择将孩子送去福利机构，殊不知这样做才会导致问题发生。这种观点以及由此被建立的相关制度限制了发展复原力最为重要的条件——人与人之间的相遇，只有与人相处才会给孩子带来启发进而唤醒他的意识。1950 年，私生子布鲁诺·罗伊（Bruno Roy）被送去了位于魁北克的蒙-普罗维登斯孤儿院。没过几年，他就变得愚钝呆滞。为了增加收入，孤儿院被改建成了精神病院，而在里面的四百名孩子的日常生活也从原来“极易引发心理问题”的状态转变为持续接受“无用的治疗③”。在此之前，出现各种心理或行为问题的孩子会接受培训成为雇农，但进入二十世纪以后，由于社会对农业劳动者需求降低，这些孩子只能留在精神病院里。在他们身上，我们可以看到其他因为缺乏关爱而导致灵魂或者身体死亡的孩子的缩影。他们中的很多人英年早逝，即使活下来，也大多智力低下，容易冲动，性格极端，喜欢寻衅滋事或者总是委曲求全。然而，仍有极少数的人能够从这种生活中挣脱出来，布鲁诺·罗伊就是其中之一。他成了一名文学教授，同时兼任魁北克作家联盟主席。当孤儿院的孩子们开始有了群体意识，建立起了诸如“委员会”之类的小团体时，他们就会慢慢恢复发展。团体赋予了这些孩子新的身份，他们也为此做出努力，展开学习，进而取得进步。

---

① LEBOVICI S., 1996, «À propos des effets lointains des séparations précoces», *Abstract Neuro et Psy*, no 145, mars-avril, p. 33.

② ERLENMEYR-KIMLING J., 1963, «Bilan des cinquante dernières années des études sur l'hérédité de l'intelligence», *in*: CHARPY J.-P., 2000, *Évolutions*, Textes et Dialogues, p. 102.

③ ROY B., 1994, *Mémoire d'asile. La Tragédie des enfants de Duplessis*, Montréal, Boréal, p. 71.

复原力的发展与讨人喜欢的行为

事实上，布鲁诺·罗伊一点都不愚笨。虽然在成长过程中未曾获得过情感的滋养，但他为自己建立了一个内心世界。在里面，他可以肆意遐想，暂时地脱离令人痛苦的现实世界。孩提时代，布鲁诺遭受过性侵，也曾被领养家庭虐待，这些都令他的童年回忆痛苦不已。但他并没有放弃，而是不断努力，从所取得的微小进步中慢慢找到使自己恢复发展的力量，并最终成为高知人才，实现了自我发展。

也许在学会说话之前，小布鲁诺已经发展出了部分的复原力。在几个月大的时候，他可能就对"美"产生了兴趣。令人意外的是，相关领域的心理学研究寥寥无几。又或者，在布鲁诺出生后的几个月里，当还没有被遗弃时，得益于安全型依恋关系，他感知到的外部世界非常美好。这个阶段的婴儿具有很强的学习能力和可塑性，因为他们的大脑每秒钟都会生成约两万个新的神经元①，使得许多神经损伤和不良影响都变得可逆。"如果环境向好的方向发展，很多在早期发展阶段出现的问题和缺陷都可以被及时修正。②"而问题的关键在于：虽然孩子能够做出惊人的改变，但照顾他们的成年人往往做不到与时俱进，在思想观念上容易变得十分僵化。

阻碍孩子发展的往往是成年人的看法。剖腹产出生的婴儿从母亲的子宫里被抱出来的时候，通常会因为麻醉的后遗症而显得有些迟钝。他的头摇摇晃晃，身子软绵绵地靠在抱他的人胸口，对外界的刺激所做的

---

① BOURGEOIS J. -P., 2000, *in*: COHEN-SOLAL J., EVRARD P., GOLSE B., Séminaire Collège de France, *Comment se fabrique un esprit humain*, 17 juin.

② POMERLEAU A., MALCUIT G., 1983, *L'Enfant et son environnement*, Québec-Bruxelles, Pierre Mardaga, p. 157-158.

回应也总是慢半拍。而见此情景，父母会感到非常惊讶。四十八小时之后，当残留在体内的麻药被全部排出，孩子变得活蹦乱跳，父母却仍然觉得他生性迟钝①。因为有了先入为主的印象，母亲日后对待孩子的方式也会受到主观判断的影响，不会因为实际表现而轻易做出改变。

如果母亲独自一人抚养孩子，那么她很有可能会沉浸在自己的想法中一意孤行。但倘若她的周围有其他人，并且这些人对孩子的行为有着不同的看法，那么他们的评价会改变母亲固有的观点。母亲对孩子的看法发生变化后，就会改变自己对待他的方式，孩子也将因此获得更多发展的可能性。原本调皮捣蛋或者胆小懦弱的孩子会因为进入到一段安全型的依恋关系中而开始变得讨人喜欢。

孩子表现出的“弱小”状态会瞬间引起成年人的怜爱，比如突然抱紧自己蜷缩成一团、从大喊大叫切换到小声嘀咕、歪着头做鬼脸或者露出弯弯的笑眼，这些行为都让他变得更加可爱和迷人。当孩子歪着脑袋看向别人时，他既不会直视对方的眼睛，也没有表现出刻意的回避，却能够传达出自己正在寻找情感慰藉的需求。这样的孩子通常都拥有安全型的依恋关系。而当矛盾产生时，孩子的这些行为就给他提供了一种非常温和而又有效的冲突解决方式。性格急躁的孩子总是吵吵嚷嚷，不愿意安静下来，因此他们总是会受到父母的训斥，长此以往只会激化自己和父母之间的矛盾；而缺乏个性的孩子对于外界的一切刺激都提不起兴趣，虽然父母会想方设法逗他们开心，但久而久之也会丧失耐心②。正因如此，那些懂得如何通过自身一些讨人喜欢的行为去化解矛盾的孩子

---

① MURRAY A. D., DOLBY R. M., NATION R. L., THOMAS D. B., 1981, «Effects of Epidural Anesthesia on Newborns and their Mother», *Child Development*, 52, p. 71–82.

② VAN DEN BOOM D. C., 1992, «The Influence of Temperament and Mothering Attachment: Lawer-Class Mothers with Irritable Infant», *Child Development*, 65, p. 1457–1477.

才能够赢得周围人的芳心。“我总是能够找到一些支持我的人，他们给予我‘关爱’，帮助我安然度过在孤儿院的日子。在童年的每个阶段，我都保留着对不同的人的美好记忆：圣保罗托儿所的马塞尔·阿桑宝特（Marcelle Archambault）、蒙-普罗维登斯孤儿院的奥莉弗·德安热修女（Olive des Anges）、把我领回他们家的玛德琳·罗杰（Madeleine Roger）和罗杰·罗兰（Roger Rolland）以及圣乔治-德-约列特孤儿院的让-保罗·莱恩修士（Jean-Paul Lane）。[①]”

孩子懂得通过自己的行为表现去获取别人的喜爱，这无疑成了发展复原力的有利因素。而这种行为方式不仅能够化解冲突，更预示着孩子日后与人交往的行事风格。那些童年受到过伤害的孩子在他们长大以后，如果回忆起从前，也许也会惊讶自己这一路走来其实受到过许多帮助。或许那些施以援手的成年人也会感到欣慰……自己曾经在某个孩子需要帮助的时候雪中送炭？

复原力的发展过程可以被看作一个重建自我的过程。但需要注意的是：遭受过的创伤并不可逆，发生的改变只是因为迫不得已。在成长早期阶段受到的伤害或者严重的情感打击会在孩子的身体和心灵上留下痕迹，即使在此之后他得以恢复自我发展，留下的印迹也不会被抹去。就像在编织的过程中错了一针，可能会留下一个窟窿，或者导致后续的针结全部错位。最后的成品也许仍然很漂亮也很保暖，但它已不是原来的样子。创伤带来的问题可以被修复，有时候甚至更有利于当事人的发展，但它无法被当作不存在。

早在开口说话之前，孩子们已经下意识地在培养自己的复原力。他们需要不断在自己的冲动和大人们给出的反应之间进行权衡和选择。出

---

① ROY B. , 2000, *Lettre à Pascale*, Roxboro, 23 février.

生后的头几年是孩子为发展复原力创造内在条件的重要时期。如果他具备了这样的条件，倘若在之后的日子里遭遇了生活变故，让人生出现了一个“窟窿”，也是可以被修复的，而这一点直到近期才为人所知。哪怕孩子在早年间就遭遇了不幸，但如果能生活在健康的三角关系中，他仍然存在发展复原力的可能性。问题只是比起其他孩子，他需要更长的时间，因为记忆力随着年龄增长会退化，年纪越小的孩子学习能力越强。

渐渐长大以后，获得了上述心理行为资本的孩子开始学习说话。在此之前，他一直都生活在别人为其创造的世界里。从这个时候开始，他用自己的语言记录自己的故事，而这个故事将会同别人讲述的关于他的故事重合。

因此，前语言和后续的发展阶段之间并没有严格的界限。当孩子学会了说话，他就在持续的发展中实现了蜕变。空中飞舞的蝴蝶与地上爬行的毛毛虫之间没有相似之处，但在羽化之前，蝴蝶也曾是毛毛虫。它在虫茧中积聚能量，等待破蛹而出的那一刻实现蜕变，开启崭新的冒险。

自此，复原力的发展进入了下一阶段，栖息在语言的“蝴蝶效应”之中。

第二章

成　蝶

魔鬼不喜欢讲故事

“只有魔鬼才能客观地陈述事实。[①]” 所幸，这并不会发生。当我们选择合适的词句来描述发生的事件，即使并非刻意为之，所讲的故事也已经加上了自己的解读。设想一下，如果我们不带任何情感地去描述一个令人害怕的场景，这只会让整件事变得更加恐怖：“我听到楼道里有声响，和平时传来的声音不一样，既不是电梯发出的噪音，也不是邻居开门的声响。我打开了房门，看到邻居睁大眼睛站在那里，全身都着了火。蓝色的火焰在他的身上移动，一会儿出现在头顶，一会儿又蹿到肩膀上。这个人张着嘴，一动不动，也没有说话。我感到非常口渴。当邻居在我面前笔直地倒下去后，我只好去厨房先找了水喝，然后提着满满一桶水向他身上泼洒……[②]” 仅仅是将记忆中的画面客观地描述出来就已经令人毛骨悚然。然而，如果这个目击者换一种描述方式，就会有不同的效果：“当听到楼道里传来从未出现过的声响时，我感到很奇怪。这种声音既不是电梯发出的噪音，也不是邻居打开门锁的声响。我有一种不祥的预感，这种感觉在过往遭受命运的打击时也曾出现过。于是，我打开了门。那一刹那，我看到了我的邻居，他站在火里，快要被烧死了。我赶紧冲到厨房，想要打一桶水给他灭火，但就在这个时候，我感到抑制不住的口渴。当大火终于被扑灭以后，邻居已经倒在了地上。但幸好我及时控制住了局面……”

在第二种叙述中，被描述的事件经过了语言的加工。叙述者从中发挥作用，以他的方式对这个骇人听闻的事件进行了改写。这种诠释为整个故事增添了距离感，削弱了它的可怕程度。然而，这样做并非自欺欺人——因为叙述者说的是事实——只是为了避免让脑海中挥之不去的可怕记忆一直如影随形地折磨我们。学会说话这件事让人变得独立，令我们成为单独的个体，可以用自己独特的方式去理解这个世界[3]。在孩子尚未开口说话之前，如果遭受虐待或者缺乏关爱，他的成长发育会受到影响；在学会说话之后，他会为此再次受到伤害，而这一次带来痛苦的是由于缺乏关爱而导致的感受、自己对所遭受的虐待行为产生的想法以及别人对此的评价所引发的情绪。

因此，“蜕变”这一概念对于任何创伤理论都至关重要。当孩子开始说话，他的世界就发生了巨变。从这一刻开始，除了孩子所感知到的事物会让他产生情绪，对事物的看法也会影响他的心情。因此，我们才会得出这样的结论：人因为说话而发生改变，同样也可以通过说话做出改变。

此外，“蜕变”的发生也说明了人可以在截然不同的环境里生存并持续地发展。如同毛毛虫离开地面飞向天空，从黑暗的虫茧进入光明的世界，孩子的认知发展也从直接的体验和感受逐渐向精神层面过渡，具体表现在他对自己的过去和未来进行的思考。

每当伊昂回忆过去的时候，有一段时期的记忆总是缺失的，这令他感到惊讶。然而，二十个月大的时候发生的一些事情却在他的脑海里留

---

① CIORAN E. M., 1995, *Œuvres*, Gallimard, «Quarto».

② 真实经历。

③ GOLSE B., 1990, *Penser*, *parler*, *représenter*, Masson, p. 150.

下了深刻印象：那个时候的伊昂还不会说话，但他记得父亲坐在餐桌边读一张巨大的报纸时的样子，记得自己踩在一张板凳上偷拿巧克力的情景，也记得家门外有一段构造奇特的楼梯，穿过墙壁，通向楼下邻居的家……每次他说起这些事情，身边的人都不相信，大家都觉得一个人不可能清楚地记得自己那么小的时候发生的事情。直到四十年后的一天，伊昂再次遇到了当年的邻居，对方向他证实了在他记忆中留下深刻印象的那段楼梯确确实实存在。而对于两岁以后的几年间发生的事情，伊昂却完全没有记忆。他只记得母亲被捕以后的事。那一天，几名便衣警察破门而入，母亲惊慌失措，尖叫着进行抵抗，但最终还是被带走了。警察把伊昂带到邻居家里，好心的邻居把他送到了孤儿院，而对于在孤儿院里发生的事情，伊昂也完全不记得了。

八岁那一年，伊昂萌生了排演戏剧的想法。但因为不会写剧本，他便让孤儿院的孩子们进行表演，内容就是母亲被捕的场景。造成伊昂对于童年的某些事情印象深刻而有些事情一片空白的原因在于语言带来的影响。在学会说话之前，孩子的记忆通常都是短时的，而且依赖当时的情境。当他开始理解别人所说的话，事物就被赋予了含义。这些事物被蒙上了感情色彩以后，孩子就会把它们牢牢记在心里。伊昂之所以会记得父亲看报纸的样子是因为报纸的尺寸让他惊讶；会记得自己偷吃巧克力是因为在他看来这是一种罪过；而记得家门外的那段楼梯是因为它的构造真的让伊昂觉得很奇怪。

当伊昂母亲因为自己处境危险而整日闷闷不乐时，伊昂的世界也会黯淡无光。他因此变得麻木以至于任何事情都无法在记忆中留下痕迹。而目睹母亲被捕，在强烈情绪的作用下，伊昂把所有的细节都记得清清楚楚，包括在场的人做过的动作和说过的话。但是，当伊昂被送到孤儿院后，他的世界又变得荒芜，情感也再次麻木起来。直到有一天，伊昂的自我认知开始发展（他开始问自己：发生了什么？如何去理解这一切？这将会造成什么后果?)，他决意要掌控自己的命运，书写自己的故事，让孤儿院的小伙伴们进行演绎。当伊昂开始学会表达，他的世界就会因为对一些人、事、物进行的描述而发生改变。然而，孤儿院的环境使得伊昂没有机会学习写字，他只能通过语言和肢体的表达来改变自己对发生的不幸的看法，以便从伤痛中恢复过来。他让孤儿院的其他小伙伴一起来重现母亲被捕的情景，这是将自己的痛苦经历转变成一种团体活动。这样做一方面令伊昂改变了对整件事的看法，让他对一些原本想不明白的问题给出了自己的解释，比如“为什么那些人要带走我的妈妈?”“为什么我被带到孤儿院这个可怕的地方?”；另一方面，曾经的经历就此变成了一出由演员表演的戏剧，因此它不再不受控制，也不会让人觉得无法理解。不仅如此，伊昂的自尊心也在这个过程中得到了满足，他不再是旁人眼中可怜又无助的倒霉蛋，而成了一个受到孤儿院孩子们喜爱的“导演”。而最重要的是，通过在这个让人痛苦的孤儿院进行演出，伊昂令消失的母亲再次出现、重获新生。

当孩子有一天需要直面死亡时，我们可以说这是一种创伤①。这种“直面”不仅停留在语言层面，而是真正明白了“死亡”代表的含义，知道这是一种终结，是一种确定的、无法回头的结局。在孩子发展到这个阶段之前，失去亲人对他而言更像是一种环境的变化或者情感的缺失，会阻碍他的发展和成长。此时的孩子已经形成了一定的性格特质，令其多少能够应对这种变故。但是，到了六岁至八岁这个阶段，当孩子被迫需要面对亲人的死亡，为了减轻自己的痛苦，他只能尽力去理解失去亲人这件事，并由此获得另一种发展复原力的方法：通过诸如画画、叙述、游戏或者表演的方式将这个令人心碎的事情表达出来。在十五个月大的时候，他就通过“假装游戏”学会了装模作样地进行表演，并通

① LÉGER J. -M. , 1994, *Le Traumatisme psychique*, Masson.

过这样的行为与他人进行互动，影响对方的心理活动。如今，孩子已经能够利用自己表演的能力，用一种艺术的方式去表达自己所遭遇的痛苦和不幸。在这个过程中，通过绘画、故事或者戏剧的方式，孩子能够自己决定如何表达痛苦，他也因此获得更多恢复的可能性。虽然这个阶段的孩子不再过分依赖自己的感官体验，但会非常在意别人的看法。他的过去和未来开始被外界所左右，周围人的反应、他人的评价乃至社会的刻板印象都会对其产生影响。如果孩子接收到的外界信息都在告诉他经历的痛苦没什么大不了，或者这一切都是他自找的，甚至让他认为自己将永远沉浸在痛苦之中①，那么孩子也许会彻底崩溃，因为这种想法让他失去了从创伤中恢复过来或者仅仅是重新站起来的可能性。因此，我们不仅需要站在孩子的角度去理解创伤给他带来的巨大打击，更应该从社会舆论和偏见着手做出改变。

然而，整个社会对于“创伤”的看法却并不一致，甚至很多时候根本没有考虑过这个问题。曾经，人们认为内心的创伤源于自身产生的幻觉，直到最近，创伤不可修复的观点才被接受。

一个人会持续遭受精神打击的折磨吗?

对于人类的生存和发展问题，我们总是倾向先给出解释，而后再进行理解。自希波克拉底提出医学思想之后，疾病被认为是人的心性出现了紊乱。身体和精神上产生的痛苦都可归因于外伤，即来自外部的伤害，而归根结底是精神层面感受到了痛苦和不幸②。外界的打击造成人体组织出现破裂，发展被中断。而身体内部的疾病则主要是由于饮食问

① GUÉNARD T., 2000, Témoignage, *Journées de la résilience*, Fondation pour l'enfance, Paris, 29-30 mai.

② EY H., 1981, *Naissance de la médecine*, Masson, p. 215-216.

题或者体液不平衡导致的，并非源自外伤。外部伤害造成的疾病最容易被解释清楚，当时的外科医生对此也能够正确地加以描述。然而，到了十二世纪，拉特朗大公会议通过了禁止使用手术刀的决议，外科的发展就此停滞。十四世纪在欧洲暴发的黑死病令医学界愕然，虽然医生们极力想要向公众说明疾病产生的原因，但最终不得不求助于神学："那些拒绝将瘟疫的暴发与上天的责罚联系在一起的人，决意通过天象变化来说明原因。居伊·德·肖利亚克（Guy de Chauliac）认为，1345 年 3 月 24 日，土星、木星和火星合相于水瓶座 14°，这一变化使得光明转变为黑暗……由此产生的有毒气体慢慢向西移动，造成危害，而且只要太阳停留在狮子座，这种危害就不会停止。①"这种解释无可辩驳，因为任何实验都无法对其加以验证。人们对此深信不疑，甚至直到今天这种说法仍然在流传。

创伤的产生会促使人们重新看待问题。当造成问题的原因被明确时，我们就知道怎么去采取措施。因此，十九世纪的科学家们很喜欢使用"创伤"这个词来解释问题：比如皮内尔描述了一位炮兵在得到罗伯斯庇尔（Robespierre）的称赞之后，因为情绪过于激动，受到刺激而变得痴呆②。在当时，创伤并没有被视作严重的问题，因为主流观点认为人在遭遇创伤之后能够慢慢恢复过来，前提是他得到充分的休息，其他什么也不需要做。

到了十九世纪末，工业的发展使得人与人之间的等级变得分明，创伤形成的原因也和人格的发展联系在一起。神经病学奠基人沙可（Charcot）认为歇斯底里麻痹症的产生是因为女性在遭遇情感打击的时候无力应对。而著名心理学家皮埃尔·让内（Pierre Janet）则将这

① SENDRAIL P., 1980, *Histoire culturelle de la maladie*, Privat, p. 228.

② TATOSSIAN A., 1987, citant SWAIN G., *Conférence*, La Timone, Marseille, décembre.

种疾病归咎于患者情感力量的缺乏，这使其无法很好地消化受到的冲击。

受到这样的社会认知的影响，弗洛伊德起初相信性创伤是由真实发生的侵害造成的，后来又认为患者有可能因为自己的幻想而导致创伤。“1937 年……他明确指出造成精神疾病的原因有两种，一种是内在的生理问题，另一种是外部冲击带来的创伤。[①]”一直到去世的那一年，弗洛伊德仍然在关注创伤所造成的影响，这一点在《摩西与一神教》中有所展现。不过在这本书里，他还提出了“集体性创伤”这个更具社会性的概念。

事实上，针对这一概念的临床和科学研究一直要到 1940 年左右才真正得以开展，对象主要是经历过德国纳粹种族灭绝大屠杀的幸存者，目的是评估这场浩劫对他们身心造成的影响。到了五十年代，渐渐地，这种全新的对于创伤问题的认识在世界各地不同人种之间掀起了一股社会浪潮。

如今，创伤被视作一个突发性事件，令遭受这种经历的人偏离了预想中的发展正轨。鉴于人类本质上是叙事性的动物，我们应该让当事人自己讲述所遭遇的不幸，而且在叙述的过程中需要使用过去时态，令他真正为了自己而非他人发声。在当前的文化背景下，人们慢慢倾向于为造成创伤的冲击增添故事性，而不再把它看成单一事件。当创伤事件本身成为当事人所经历的过去，社会、家庭以及外界对于创伤事件就会有不同的描述和解读。在这个过程中，创伤可能会慢慢演变成一种被掩盖起来的、持续的障碍，可能会转变成强烈的愤怒，也可能会渐渐好转。“在不同的情况、个性和环境影响下，创伤会因为周围人的偏见而造成

① STEWART S.，1991，« Trauma et réalité psychique »，*Revue française de psychanalyse*，4，p. 957-958.

严重的后果，发展成持续的精神障碍。同时，它也有可能向好的方向发展，其负面影响在变得可控的同时，甚至能够激发当事人对于生命意义的思索。①” 因此，同一创伤事件造成的结果并不相同：它也许会成为内心深处不可言说的秘密；也许会让当事人变得争强好斗，作为对自己遭遇不幸的补偿；也许会引发个人对于生命意义更为深刻和丰富的思考。

因此，我们不能再简单地认为创伤一定会导致某种后果，而应该把它看成一个突发的、改变当事人未来发展的事件。受害者对于自身遭遇的描述是认知的基础，而其他因素，诸如情感发展、成长环境以及社会援助，将共同决定创伤事件最后造成的结局。

基于上述推论，我想在此谈一谈在当今社会我们所面临的由于战争和贫困导致的重大创伤问题，以及因性侵和虐待而造成的隐秘伤害。

早在 1904 年的日俄战争中，霍尼希曼（Honigmann）就首次提出“战争神经症”的概念，他发现一些俄国军官存在相关病症。此后，英国军方又将一些士兵出现的心理和精神问题概括为“炮弹休克”。这一观点从力学角度出发，认为这些士兵之所以经常有情绪失控的表现，是因为“炮弹的冲击”造成“脑震荡”②。十九世纪初出现的所有对于相关问题的解释都肯定了这一说法：由于一股无形力量的冲击，患者的大脑发生改变，进而引发一些精神疾病的症状。这种观点得到广泛认同，因为它能够“合理地解释”出现的问题，所以无论是患者还是医生都对此深信不疑。

---

① FERRERI M., 1996, « Névrose traumatique ou état de stress post-traumatique : repères cliniques et aspects thérapeutiques », *L'Encéphale*, Sp VII, 7-14, p. 2092-2002.

② VILA G., PORCHE L. M., MOUREN-SIMEONI M. -C., 1999, *L'Enfant victime d'agression*, Masson, p. 13.

创伤情绪会造成严重的精神打击，而根源在于我们对痛苦的看法

安娜·弗洛伊德和多萝西·伯林汉姆是最先对伦敦大轰炸幸存儿童出现的心理问题开展研究的学者。她们在观察这些孩子的行为的同时，也对他们开展了长期的心理治疗。

如今，成千上万的孩子都在遭受类似的折磨。他们有的经历了“六日战争”发生前以色列集体农场的轰炸事件，有的因为波尔布特（Pol Pot）领导的红色高棉政权而被迫背井离乡，还有的因为南黎巴嫩冲突、非洲的爆炸事件、巴勒斯坦和爱尔兰长期以来所遭受的侵略、哥伦比亚内战冲突、阿尔及利亚无休无止的战争以及无数其他战争和冲突而受到伤害。

可以确定的是，儿童是遭受这些国家暴力冲突和斗争影响最大的人群。全世界有几百万的孩子因此成为孤儿，约两百万孩子死亡，近五百万终身残疾，还有一千万左右的儿童受到创伤。数以亿计的孩子因为战争而学会了使用暴力，这成为他们对待别人的方式之一。

当反对者拒绝服从当权者的意愿和想法时，动用政治力量和技术手段成了解决问题的有效方式。暴力的使用因此变得正当，因为它能够令所有人屈服。

目前的研究已经对大规模战争和侵略所导致的精神问题做出了明确解释：患者会出现创伤后应激障碍①，这是一种在受到侵害后根植于内心的焦虑状态。因为孩子被迫直面死亡，在强烈恐惧感的驱使下，他会牢牢记住这段痛苦的经历，这令其日后的发展无法摆脱这种恐怖的记忆。虽然孩子会慢慢恢复过来，但是曾经的不幸如影随形，在午夜梦回

① APA，1994，美国精神病学会定义，*DSM* IV。

的时候让他痛苦不堪。为了改变这种状况，孩子需要采取一些方法来避免陷入痛苦。他会麻痹自己不去思考，努力变得无动于衷，回避一切可能唤起恐怖回忆的人、事、物，甚至连提都不敢提，因为那些可怕的经历始终在他的脑海中挥之不去。事实上，幸存下来的孩子无法倾诉他感受到的痛苦，因为对所有人来说这都过于沉重，所以他们也不允许孩子提起。在这种情况下，孩子不懂得如何去面对自己的情绪，也不知道怎么向别人吐露自己的心声。他的情绪渐渐失控，变得喜怒无常，上一秒还很听话，转身就去攻击别人；有时表现得异常冷漠，内心却又脆弱无比。

不过，因为前面提到创伤造成的结果并不一定都是糟糕的，所以针对这个问题，我们也应该考虑到可能引起变化的因素①。

首先，如果我们经历的痛苦是自然灾害引起的，比如洪涝、火灾、地震和火山爆发，我们的态度就会改变，对不幸遭遇的接受度也会提高。比如，尽管人们知道那不勒斯的维苏威火山和马提尼克岛的佩雷火山都很危险，但仍然会在山上和周围建造医院和城镇，全然不顾它们顷刻之间就会因为火山爆发而化为灰烬。面对大自然，人们更倾向于去敬畏和顺应它。我们会为了祈祷风调雨顺而举行祭祀，也会为了防洪抗灾而修建水库大坝。对于大自然带来的灾害，我们总是选择原谅，因为自然深深地吸引着人类。熊熊燃烧的烈火虽然让人害怕，但是被火光映照的天空格外美丽；冲垮房屋的洪水虽然残酷无情，却也展现出了波澜壮阔的瑰丽；喷涌岩浆的火山虽然充满危险，但同样令人赞叹不已。尽管这些灾难带来了不幸，但是人们还是忍不住去接近自然。所以我们会发现，无论是发生火灾、洪涝，还是火山爆发，总是会有很多人前去围观。

然而，同样是灾难，如果是人为原因造成的，那么就会受到强烈谴

---

① EHRENSAFT E., KAPUR M., TOUSIGNANT M., 1999, «Les enfants de la guerre et de la pauvreté dans le tiers-monde», *in*: HABIMANA E., ETHIER L. S., PETOT D., TOUSIGNANT M., *Psychopathologie de l'enfant et de l'adolescent*, *op. cit.*, p. 641–657.

责。当我们聚在一起围观火灾，能够从中感受到快乐。但如果我们围观的是一群人对另一群人施以暴行的场面，就会不自觉地代入其中一方而为此义愤填膺：也许会加入施暴者的队伍一起实施侵害，因为在我们看来，这是一种惩罚，那些受到惩罚的人因为种种罪行，比如抢夺食物、反对信仰或者占有房屋，理应遭受这一切，甚至死有余辜；相反，当我们站在受害者这一边时，就会千方百计地帮助他们。

我们对自然灾害存在着一种迷恋（因此人们从不称其为“自然恐怖”），这也就是为什么同样是灾难事件，火山爆发造成的伤害很容易被消除，而人为的恐怖行径却会导致持续性的危害①。

创伤的强度决定了受害者日后的发展情况

年龄也是决定侵害造成的后果严重与否的重要因素之一。孩子如何看待伤害事件取决于他精神体系的成熟度。如果母亲情绪抑郁，刚刚出生的孩子也会在和她相处的过程中感受到痛苦，但他不会被引起母亲痛苦的原因所困扰。然而，如果孩子已经进入青春期，愿意主动和别人交往，那么当得知母亲是因为父亲的事业而焦虑时，他也会感到痛苦。

每个人的成长情况和过去的经历引领着他和特定的对象相遇，这些对象会引起当事人特别的关注，被赋予特殊的意义。

在学龄前阶段（两岁至五岁），造成创伤的主要原因是分离或情感剥夺②。受到伤害的孩子会表现出焦虑型依恋行为。面对害怕失去的人或物，他会紧紧抓住，一刻也不愿意松手。而安全型依恋则会让孩子感

---

① SIRONI F., 1999, *Bourreaux et victimes. Psychologie de la torture*, Odile Jacob.

② MACKSOUD, M. S., DYREGROW, A., RAUNDALEN, M., 1993, «Traumatic War Experiences and their Effects on Children», *in*: WILSON, J. P., RAPHAËL, B. (dir.), *International Handbook of Traumatic stress Syndromes*, New York, Plenum Press, p. 625-633.

到自信，令他敢于离开母亲去探索外面的世界。在这个阶段，创伤后遗症的表现主要包括行为倒退、遗尿、大小便失禁、学习能力丧失、夜间惊恐以及对新事物接受无能。在六岁到八岁之前，孩子认为死亡是一种分离，因此分开这件事在他看来就意味着死亡，代表永远地失去某个人或某样东西，让他的世界就此崩塌。

到了学龄期，孩子的性格特征变得更加明显。在这个阶段，他能够更好地理解父母的抑郁情绪，并且明白自己为什么不快乐。而他对抗痛苦的方式是充分发挥自己的想象力。通过将痛苦的经历不断地在脑海中进行艺术加工，孩子得到训练，学会将创伤进行自我消化，让自己不断去熟悉痛苦的感受，甚至能够在幻想之后令其变成愉快的体验。曾经，不幸的经历给孩子带来了无法表达的痛苦；而现在，经过他的想象，这段经历变成了美丽而又有趣的回忆。但需要注意，令孩子感到愉快的并非不幸本身。他会感到快乐，是因为在脑海中对不幸的遭遇进行加工之后，感觉到自己能够进行控制，并且将其转变成一种具有社会意义的作品，从而以旁观者的角度去看待这件事。当不幸变成了纸上的画作①、小说里的故事②、舞台上演出的剧目③，苦难就转变为一件对社会有益的事情。它不再是一个噩梦，而是经过当事人美化之后的故事，能够被人们所接受，并给他们带去快乐。旁人从这个故事中得到启示，当事人也用自己的亲身经历提出警醒。在这个过程中，受害者渐渐成了幸福的创造者。

想象力是复原力发展所依赖的最为宝贵的心灵资源。受到伤害的孩子只需要几张纸、几支画笔、一个舞台或是一些观众就可以让想象力发挥作用。安妮·杜普蕾（Anny Duperey）就是一个很好的例子。童年时期的安全型依恋关系使得她在父母过世以后成功地从痛苦中恢复。

---

① BRAUNER A. et F. , 1991, *J'ai dessiné la guerre*, Expansion scientifique française.

② FOURNIER J. -L. , 1999, *Il n'a jamais tué personne*, *mon papa*, Stock.

③ GRUMBERG J. -C. , 1991, *L'Atelier*, 戏剧。

"……他们给我留下的伤口代替了他们的爱。[①]" 如果她具有的是回避型依恋人格，那么也许在表演时就会更加注重技术而非情感，也会因此吸引到其他类型的观众。我认识一些患有强迫症的孩子，他们在平时的生活中非常拘谨，不敢做出任何选择。奇怪的是，当他们走上舞台进行表演时，反而显得无拘无束。也许是因为导演在表演之前已经为他们设计好了所有的动作和台词，这些孩子在舞台上可以随心所欲，因为一切都被安排妥当，这让他们感到很安心，甚至感觉到自由！

这些孩子大多是混乱型依恋人格，通过表演展现内心的痛苦，令一些成年人为之动容。

这些小小艺术家们最令人感慨的地方在于，和死亡擦肩而过的经历让他们对时间有了不一样的认知，并且产生了一种紧迫感。"我的上帝，请让我活到十岁吧，因为我还有很多东西没有见到呢！"这是一个八岁的孩子每天晚上进行祷告的内容，然而他并非真正信奉上帝。事实上，他从四岁开始就变成了孤儿，被迫来到难民营生活，因此甚至都不知道父母的宗教信仰。

这些孩子经常会说："今天我们就要进行创作。"在无比恶劣的条件下，他们努力践行自己的想法：比如会在好不容易找到的一张废弃报纸的空白处书写自己的"回忆录"，或者在清晨五点的时候兴致勃勃地爬到垃圾堆上面，只为欣赏日出的景象。在弗朗索瓦·特吕弗（François Truffaut）导演的电影《四百击》中，小主人公安托万·杜瓦内尔（Antoine Doinel）从青少年罪犯拘留所逃出来后一连跑了好几天，仅仅是为了去看海。这种想要表达和创作的紧迫感反映出孩子们非同寻常的勇气和对美的渴望与追求。因为时刻都会面临死亡，这些孩子必须马上行动，活在当下，活出精彩。

---

① DUPEREY A., 1992, *Le Voile noir*, Seuil, p. 8.

然而，如今在一些难民营里，孩子们创造力的发挥往往会被限制。因为波尔布特的暴政而被迫来到泰国进入难民营生活的柬埔寨青少年中，只有一部分得以从创伤中恢复（50%）；而在其他的难民营里，近90%的孩子都能够逐步克服身心的障碍。据统计，阿富汗地区的难民儿童中仅有10%出现问题①；而在库尔德和黎巴嫩的难民儿童中，这一比例分别达到20%和27%。根据地区的不同，这些孩子中出现相关精神疾病的人数也有所差异，一些地方仅有10%左右的孩子可能患病；而在其他地区，这一比例高达50%。造成这些差异的主要原因是成长环境的不同。值得注意的是，虽然亚美尼亚人在历史上饱受侵略，被迫逃亡到其他国家、接受不同的宗教信仰，但他们很少出现精神问题。和其他受到侵害的人一样，在大屠杀中幸存下来的亚美尼亚人对痛苦的过去三缄其口，他们的孩子也许也会因此受到影响，但父母懂得为孩子营造一个良好的成长环境。宗教礼仪的传承固然是这个民族得以存续的关键，但流落海外的亚美尼亚人不愿再回到自己那充满杀戮的故乡，他们努力融入新环境，让孩子接受当地教育，并且非常重视对创造力的培养。而这两点正是决定孩子能否在新环境中继续成长的关键。当孩子能够积极地融入当地社会，他的复原力也会轻而易举地发展起来。与之相比，来到泰国的柬埔寨难民远离故土，无依无靠，也没有机会创造一种新的制度与文化。这些柬埔寨人得到的外界帮助非常有限，因此为了生存下去只能采取最原始的方式——抱团。团体成员推选出可以保护他们的领导者，这位领导人反过来也需要底下的人辅助他树立威信、巩固地位②。

---

① MGHIR R., FREED R., RASKIN W., KATON W., 1995, «Depression and Post Traumatic Stress Disorder among a Community Sample of Adolescent and Young Adult Afghan Refugees», *The Journal of Nervous and Mental Disease*, 183 (1), p. 24-30.

② HIEGEL J., 1989, Colloque *Les Évolutions*, ChateauvallonOllioules et HIEGEL J.-P., HIEGEL-LANDRAC C., 1996, *Vivre et revivre au camp de Khao I Pang*, Fayard.

受害者出现保护性适应的表现并不总是意味着他得到恢复

创伤应激综合征造成的结果也不尽相同：有些症状持续时间很短，大约六个月后就会逐渐消失；有些却会对当事人产生持久的影响，以至于改变他的性格；还有一些虽然在当下没有明显的表现，却被一直埋藏在当事人内心，多年以后的某一天因为某些原因会被诱发出来。除此之外，我们也会观察到其他的一些影响，比如受害者会变得品行败坏，出现幸存者病态表现，甚至对侵害者产生了认同。有些在童年时期受到创伤的孩子会就此不再信任别人，也有可能出现不同程度的学习问题。有时候，这些表现甚至会在下一代的身上被延续。然而，尽管上述情况不可避免会出现，但受到伤害的孩子如果能够得到他所在群体和社会的接纳和关怀，那么创伤对他的影响并非无法改变。事实上，创伤造成的后遗症都是可以挽救和弥补的，但这并不代表我们可以置之不理。当问题出现时，应当及时干预、积极应对，而不是任其发展。

针对创伤后遗症，存在着不同的干预和缓解方式。然而，出人意料的是，如果当事人在创伤之后表现出较好的适应性，这并非代表他具有很强的复原力，甚至有时候，这种表现是出于一种令人痛苦的负罪感的驱使。

受到创伤的孩子确实被迫需要适应，但适应以后的结果未必是好的。他可能要经历内心彻底的割裂、绝对的屈服以及自我放弃的过程，在理智和情感上逐渐变得冷漠，对外界不信任，甚至委曲求全地去讨好带来伤害的人。作为非复原性的自我防御，这些都是适应的代价。我们可以把“适应”这件事看成“结婚”，那么一个人怎么能够同侵害自己的人结婚呢……如果孩子身处恶劣的环境无法逃离，那么他要如何去适应，如何进行复原性的自我防御？

创伤性失忆产生的原因可能是当事人受到的打击过于剧烈，或者他在此之前就因为混乱型人格而内心非常脆弱。但总体而言，这种情况较为罕见。多数孩子在遭受打击之后不会完全失忆，但可能无法完整地描述他们所经历的不幸。其中一部分孩子也许原本就不具备描述伤害事件的能力。如果这个时候孩子还没有成长到七岁至八岁的阶段，那么他对时间并没有明确的概念，也不具备清晰叙事的能力。当经历了死里逃生或者目睹亲人过世，孩子就会觉得死亡近在咫尺（可以参考前文那个请求上帝“让我活到十岁”的孩子的经历）并由此产生一种奇怪的幸存者心理，认为自己每长大一岁就离死亡更远一些。

创伤事件发生后，当事人往往会将事件本身的每一个细节都记得一清二楚，而忘记是在什么样的情况下发生的，这会令其受到自我投射的影响。对于创伤的记忆控制着我们的意识，让人沉浸其中，并且将痛苦以梦境和幻想的形式不断重现。这也就是为什么那些受到过伤害的孩子，在三岁至八岁期间，即刚刚学会说话但尚未完全形成时间概念的这个阶段，会把创伤事件作为他们人生故事的开头。当孩子想要告诉别人自己的身世时，他会从这段不幸的经历开始讲述，因为它如此清晰而生动地存在于脑海中，仿佛与生俱来一般使得其他的回忆都变得模糊不清。但对孩子而言，自己的人生始于一个悲剧，这仿佛是个笑话。他清楚地记得自己和死神擦肩而过的经历，虽然侥幸活了下来，但留下的只是行尸走肉。这样的想法使得孩子不愿意告诉别人他的过去，因为对方的反应会令其难以承受。这些人也许会对这个不可思议的故事嗤之以鼻，也可能压根就不相信，或者表现出愤怒，甚至反过来教育受到伤害的孩子。最坏的情况是，他们以此为乐，把自己的快乐建立在孩子的痛苦之上。

为了明白“我是谁”，孩子需要有人来倾听他讲述关于自己的故事。但因为找不到合适的对象，他被迫只能成为自己的听众。因此，受伤的孩子在心里一遍又一遍地回忆曾经痛苦的经历，因为记忆中的人生始于斯。这个过程就像是在上演一个关于身世起源的故事，而孩子本人是这台演出唯一的观众。他就此成为自己的人生剧本的编剧和演员，并且也是唯一受邀欣赏这个舞台上所有演出的人。周围人的意见不再重要，因为虽然孩子在他们面前进行表演，但他们并没有发现这场演出的关键之处。

佩罗今年十岁，从没上过学，因为他所在的萨格勒布郊区已经连一所学校都见不到了。佩罗没有家人，从三岁开始，他就住在临时搭建的棚屋内，靠着身边人的救济生活。为了避免受到周围恶劣环境的影响，佩罗努力让自己对一切都表现得漠然。有一天，一位老师把他和另外几个孩子叫到身边，教他们读书。佩罗展现出了惊人的学习能力，令老师赞叹不已。为了让佩罗去上学，老师给他找了一个寄养家庭。在新的环境里，佩罗必须和过去一刀两断，才能更好地适应。事实上，他只需要对过去三缄其口，就能让自己看起来和别的孩子一样。每当周围的人开始谈论家人和自己的生活时，佩罗都会沉默不语，所以别人都叫他"沉默的小帅哥"。但大多数的时候，佩罗都表现得很开朗，而且他很擅长踢足球。很快就成了班级里的佼佼者，成绩也名列前茅。班上一位名叫博齐达尔的同学邀请佩罗去家里做客。在那里，佩罗第一次体会到什么是"奢华"，并且非常享受。博齐达尔的父母非常热情，他们向佩罗抱怨自己的孩子学习成绩非常糟糕。佩罗很羡慕这位朋友，因为他拥有一切自己没有的东西：宽敞的房间、漂亮的书桌和通情达理的父母。不过，虽然朋友优渥的家境更加凸显佩罗身世之悲惨，但他反而产生了一种优越感。

一件事情造成的结果取决于它所代表的含义。对于佩罗来说，失去亲人、独自一人居住在临时棚屋的过去在这一刻已经具有了胜利的意味。"虽然和博齐达尔比起来，我身世凄惨，受尽苦难，但无论是学习还是足球，我都远远胜过他。”这种想法使得佩罗在和人的交往中逐渐变得自信。当别人称呼他为“沉默的小帅哥”时，佩罗感到自己因为“沉默”而变得更加强大。“只要我不说话，就不会受到伤害。”生活中，佩罗也会被和自己一样寡言少语的人吸引。他很欣赏那些通过实际行动证明自己的人，因为在他看来，话多是脆弱的表现。他希望自己长大后也能成为一个凭借取得的成果获得认可的人，而不是通过耍嘴皮子去赢得别人的赞同。

当英雄事迹成为创世神话

佩罗的想法能够缓解他内心深处因为创伤而产生的对于过去的恐惧。“我知道沉默能够让我受到保护，并且变得更加强大。”因此，那些像佩罗一样的孩子将自己的身世变成了英雄传说。因为经历过创伤，他们给自己贴上了“英雄”的标签，认为自己异于常人，虽然遭遇不幸但勇敢面对，俨然一副胜利者的姿态。他们把关于过去的秘密埋藏在心底，不幸遭遇带来的羞耻感和最终幸存的自豪感交织在一起，让他们为自己的沉默找到了合理的解释：“我对过去闭口不提是为了变得更加强大，而并非因为羞愧。”而当过去的经历变成了英雄故事，孩子正是它的创造者。正如米歇尔·贝特朗（Michèle Bertrand）所说：“叙事的过程中会引入时间概念，这样我们就能将印象连贯成思想，将场景转化为情境，将重现完整为回忆。①”

为自己过去的故事增添英雄色彩实际上是一种自我保护的方式。如果不这么做，那些受到创伤的孩子也许就会一蹶不振。另一方面，由于

---

① BERTRAND M., 1997, « Les traumatismes psychiques, pensée, mémoire, trace », *in*: DORAY B., LOUZUN C., *Les Traumatismes dans le psychisme et la culture*, Érès, p. 45.

创伤事件一直停留在脑海中挥之不去，为了缓解恐惧，这些孩子不得不把痛苦的经历编造成故事，如此他们便得以控制自己的回忆，而不是反过来被操控。诚然，这是孩子们保护自己的方式，但他们也很有可能因此陷入妄想。如果这个故事一直得不到分享，它会不断在孩子的心底被丰富和强化，以至于占据他所有的思想，令其脱离现实世界。为了避免这种情况的发生，受伤的孩子在被迫对过去三缄其口之后，又不得不主动去和别人分享自己的故事。然而，他未必能够找到合适的听众。于是孩子开始模仿成年人进行表达，试图借助其他的方式来让更多的人了解他的故事。当整个社会的文化环境未能创造表达的条件，受伤的孩子只能独自沉浸在过去的痛苦之中。在他们中间，我们经常会观察到一些极端主义思想、犯罪事件或者变态心理行为，那是因为这些饱受煎熬的孩子渐渐将妄想转变为行动，通过这种方式得到暂时的解脱。然而，一旦他们有机会表达自己，就非常有可能成为"边缘化的创造者"。事实上，所有的创造者在一开始都经历过"边缘化"，因为他们为社会文化带来的是此前没有的东西。而对于这些孩子而言，无论曾经遭受过何种伤害，他们已经是"边缘化的人"。摆在孩子面前的是两条截然不同的道路：沉溺于妄想并付诸行动或者致力于创造新的文化，而孩子所处的环境决定了他将走向何方。

这也解释了为什么我们经常在受害者身上观察到两种完全不同又存在关联的发展轨迹。创伤发生后，为了更好地与痛苦共生，当事人会变得冷漠、卑劣、怀疑一切甚至走上犯罪道路。然而，也许只是因为突然发生的一件事，他就会产生巨大的转变，成为一个慷慨、理智、充满社会责任感和创造力的人①。

让·热奈就是一个很好的例子，他一直都在宣扬这种观念："囚犯的

① BAUER C., 1990, *Fractures d'une vie*, Seuil.

衣服是粉白条纹的……我不想隐瞒自己成为一个盗窃犯的原因……我对犯罪充满兴趣。”而自打遇到了一位出版社编辑，让·热奈就此走上了创作的道路。“写作让我获得了一直在寻找的东西……未来的我并非由过去的经历所造就，而是建立在我所写下的文字之上。我要创作的不是一些简单的小故事，而是真正的艺术作品……书写传奇，这是我的目标。[①]”

命运的受害者和现实中的罪犯要变成英雄，必须对那些发生过的事情进行加工。“创作者的天赋并非与生俱来，那是他们在绝境中为自己找到的出路。他们用文字赢得胜利，书写关于如何解放自我的故事。[②]”当创伤发生时，即使它非常严重，仍然可以被看成一个“神圣的时刻”，因为这是蜕变开始的时候，无论是仙女的魔法棒还是女巫的扫帚，都将在此刻发挥作用，让当事人在此之前和之后的人生变得截然不同。经历过极端的情况，就无法再回归平淡。就好像关于过去的故事“都被神化了，而如果人们愿意，他们可以像‘远古’社会的祖先那样，不断把历史变成神话故事[③]”。这些故事讲述了过去的生活，却在表达我们的感受。犯错是神话的核心，由此展开的主题包括反抗、启蒙和死亡。经历过极端情况的孩子们都被迫需要创作自己的“神话故事”。受过的创伤或犯下的罪行令他们很早就需要直面心底的内疚和想要赎罪的冲动。

没有内疚，何谈道德

语言和文字改变了我们对于过去的情感和态度，而同时，内疚感却在约束着我们的行为。当曾经痛苦的经历成了一个可以被讲述的故事，受伤的孩子得以从绝望的混沌中抽身，因为他的过去已经变得清晰具

① GENET J., 1949, *Journal du voleur*, Gallimard, p. 9, p. 13 et p. 232–233.
② SARTRE J. -P., 1952, *Saint Genet comédien et martyr*, Gallimard.
③ *Ibid.*, p. 13.

体。但另一方面，孩子也会由此认为自己需要对过去发生的事情负责，因为在故事里，每个人都是命运的主体①，决定自己的所有行为，而不再只是被动受环境支配的对象。

这个观点非常新颖，因为当前的舆论鼓励人们勇敢对宗教强加的那些没完没了的罪行说“不”，去追求幸福和自由的人生。坏人不会感到内疚，因为他们不具备同理心，无法设身处地站在别人的角度考虑问题，会把自己的快乐建立在他人的痛苦之上。然而，作为道德感唯一的生理和心理基础，同理心在让人变得正义的同时，也会产生内疚感。

遭遇到不幸的人如果认为自己需要为此承担全部责任，这无疑会让他更加痛苦、备受折磨。这种想法加剧了侵害造成的恐惧，并由此导致创伤。假设受害者对遭遇的痛苦没有任何愧疚感，他们也许会有以下两种完全不同的表现。有人会说：“我的不幸都是因为别人。我痛恨父母被杀害这件事，因为他们就这么抛弃了我。父母本该给予我幸福，而现在，他们的过世造成了我的不幸。因此，我一直生活在对他们的仇恨之中。”也有人会说：“我很脆弱，也很消极。我只是那些想要寻欢作乐的男人们的玩物。当他们实施侵害的时候，我什么也做不了，因为我只是个女人。”说这话的女人遭遇了强奸，但在此之前她是一名警察，热衷于执行“秘密任务”，身手矫健、功夫了得。

内疚感会让一个经历贝鲁特大屠杀的孩子产生这样的想法：“我并不是一个单纯的旁观者。父母是因为我才会被民兵逮捕并杀害的。这种内疚感折磨着我，但同时背负着的十字架也带来了些许内心的安宁，因为它让我想要做些什么来赎罪，使得我的存在尚有意义。因此，我会去关怀那些和我一样不幸的人，为他们付出不求回报的爱，这是我所不曾

---

① GANNAGÉ M., 1999, *L'Enfant, les parents et la guerre. Une étude clinique au Liban*, ESF éditeur, p. 18.

拥有的。”这也是受到创伤以后进行自我保护和恢复的方式，虽然当事人需要为此付出很大代价，但能够借此与外界建立起联系。更重要的是，内疚感让孩子觉得自己不是十恶不赦的坏蛋，恰好相反，这是品德高尚的证明。“因为感到罪恶”，他把自己“归类到心地善良的天使行列，只有魔鬼才会以父母的死为乐”。

通过奉献爱心和帮助他人，受伤的孩子得以重建自己那因侵害而受损的尊严。梅兰妮·克莱因（Melanie Klein）提出，孩子在很小的时候就具备自我修复的能力，并且“旁人所表达的感谢会让他发展出基于道德标准的依恋关系①”。受到创伤的孩子通常会表现得早熟，这是因为过去的经历强化了他的责任感，同时这也从侧面说明过度保护会使得孩子缺乏责任心，从而难以形成很强的道德观念。“两岁以前，孩子还没有道德观念，也没有形成规则和责任意识。但从两岁开始一直到七岁左右，孩子的道德感逐渐发展起来，他的行为也会因此受到约束②……”受到伤害的孩子逐渐从打击中恢复过来以后，会早于同龄人形成道德观念。

这些孩子产生的内疚感实际上是一种情感策略。作为“有罪”的人，这些孩子从心底认为自己不配得到奖励，因而无法接受别人的善意。在他们看来，只有付出而不是接受才能弥补自己曾经的过错。“确切来讲，这些孩子非常孤独和痛苦，他们渴望得到帮助和安慰，并且对爱有着难以想象的需求。为了获得这一切，他们决定自己先付出。③”这看上去和我们的认知相违背。人们总说“先拥有，才能给予”，上述

---

① KLEIN M. , 1957, *Envie et gratitude et autres essais*, Gallimard.

② MAZET P. , 1999, «Naissance et développement du sens éthique chez l'enfant. Du sentiment de respect à l'égard de soi au respect d'autrui» , *Neuropsychiatrie de l'enfance et de l'adolescence*, 47 (12), p. 525-534.

③ SARTRE J. -P. , *Saint Genet comédien et martyr*, *op. cit.* , p. 93.

观点却完全反其道而行之。但事实上，孩子们所表现出的这种过分的善良蕴含着巨大的修复力，足以掩盖仇恨，甚至将其转变为不惜牺牲自我的爱。

仇恨可以起到保护作用，让我们敢于站出来对抗侵害者。但如果持续时间过长，仇恨反而会让受害者处于危险之中。而面对这种情况，我们有两种选择：要么接受仇恨，把它转变成一种实施报复的力量；要么逃避仇恨，用极度强烈的爱去取代它。那些选择仇恨的人就此建立起一道屏障，将和他们有着同样复仇目标的人包围起来，形成联盟。通过明确划分的敌我界线，受害者的自尊得以强化，但同时也封闭了他们理解侵害者行为动机的可能性。出于伸张正义的目的，受害者在仇恨的驱使下，为了复仇会反过来成为加害者。这正是“报复性杀戮”产生的原因，而国家借由过去的屈辱、没落的经济或者被侵占的领土发动战争的背后，也是这种动机的驱使。内心充满仇恨的人会获得部分的复原力，他们执着于复仇，总是在寻找机会对敌人进行反击。比起创伤应激综合征，这样的表现已然是一种进步。那些在受到伤害以后出现应激反应的人往往会被困在痛苦的记忆中无法自拔，他们做不到将其消化，无法就此翻篇，只能令其成为一段被尘封的阴暗回忆。尽管如此，从某种意义上来说，复仇并不是一种令受害者获得解脱的有效方式，因为伤害带来的痛苦始终存在，并不会因为实施报复后短暂获得的快乐而彻底消失。因此，虽然受害者通过这种方式寻求自我解放，但本质上他们仍然无法摆脱过去经历的折磨。

为了让内心变得强大，是选择偷窃还是给予？

另一种在受伤之后获得复原力的方式是给予而不去接受。被遗弃的孩子会认为：“因为我不属于任何一个家庭，所以得不到任何关爱，什么也没有。”对家庭的认知让这些孩子产生了一种想法：爱我的人会把他所拥有的一切都给我，比如“因为我的父母很爱我，所以他们的东西，房子、车子和自行车都是我的”。因而，在他们眼里，一旦失去亲情，就等于失去了一切，变得一无所有。而在此之后获得的来自别人的馈赠都会令这些孩子感到焦虑，认为自己不应也不配接受，因为他们无力偿还。别人的好意会引起他们的愧疚；但倘若感受不到任何善意，孩子的内心又会变得越来越荒芜。当受到伤害的孩子主动去为别人付出，他会在心底油然而生一种幸福感。通过付出，孩子感到自己不再是受害者或者过错方，而是变成了可以去帮助别人的强者。

几周前，三岁的伊戈尔不幸染上了水痘。在差不多快痊愈的时候，母亲把伊戈尔送回了学校，但他身上结了痂的水痘还是引起了恐慌。校长挥手对着其他孩子大叫道：“小心，他会传染！你们快让开！”伊戈尔听到以后难过地哭了，随后的几个小时里，他一直沉浸在悲伤的情绪中。对这个年纪的孩子而言，这种表现可以被看作受到了创伤。第二天，伊戈尔走进浴室的时候，他的父亲正在洗澡。父亲把伊戈尔拉到身边仔细端详了一番，终于发现了一颗还没有结痂的小水痘，于是他对伊戈尔说道：“虽然你在发水痘，但我还是要亲你一下。”父亲的行为让伊戈尔豁然开朗：“染上水痘的人还是能够得到别人的喜爱。况且，像我这样的人不会去嫌弃那些水痘患者，所以生活还是很美好的！”只是一个简单的行为就能让伊戈尔的心情变好，重新恢复生机。当然，这个故事有一些夸张的成分，但它说明了一个道理：当孩子能够重新掌控自己的决定和情绪时，就可以恢复发展安全的依恋关系。当然，在这个过程中，他需要先得到别人的安慰，才有可能实现自我安慰。如果孩子身边没有人可以提供帮助，他就会凭借自己的方式去实现，这其中就包括偷窃和重塑过去。

我们也许很难想象那些具有强烈道德感的孩子会做出偷窃行为。但事实上，在哥伦比亚，流浪儿童正是通过犯罪来适应恶劣的环境。偷盗能让他们产生一种成就感，因为这些孩子在这个过程中得以发挥决断力，而每次“得手”都是对他们矫健身手的肯定，也帮助他们提升了自尊心。在为自己感到骄傲的同时，他们会关心年纪比自己小的孩子，一起分享“战利品”。在这种情况下，犯罪成为一种“生存能力”，拒绝这么做的孩子将无法生存。这种对于社会环境的适应是这些孩子内在力量萌芽的表现，当这股力量正向发展时，孩子们通过互相帮助来维护自尊①。

事实上，在这些孩子偷窃行为的背后，隐藏着他们渴望表达的内心想法。那些被偷来的东西通常具有某些特殊的意义。“我曾因为偷窃礼物包装纸而遭到审判②。”这个小男孩无家可归，偷偷藏身于一个废弃的地下室里，靠行窃甚至卖淫为生。对他而言，偷来的礼物包装纸有什么意义？也许因为这些孩子缺爱，所以他们会不由自主去偷一些能够体现“爱”的物品。这种情况较为常见。生活在孤儿院的罗杰一点也不喜欢那里，他感到很孤独。一天夜里，趁着大家都睡着的时候，他偷偷打开室友的柜子，偷吃了放在里面的果酱。据说，这瓶果酱是那个孩子的一位教母寄来的。很不幸，罗杰被逮了个正着。第二天一早，孤儿院的老师们就来教训他，说他是“小偷”。罗杰对自己做出这样的行为也非常不解，因为他其实一点也不喜欢果酱。然后，他想起来自己似乎曾经见过这位寄来果酱的女士，当时她来慰问孤儿院的孩子们，和自己的室友进行了亲切的交谈。在罗杰吃着这位好心女士送来的果酱时，他的脑海中浮现的是自己曾经见到的那个温馨场景。罗杰并不喜欢果酱的味

① COLMENARES M. E., BALEGNO L., 2000, « Les enfants des rues à Cali (Los desplazados) », *in*: VANNIER S., CYRULNIK B., *Réparer le lien déchiré*, Salon-de-Provence, 26 mai.

② GUÉNARD T., 2000, Témoignage *in: La Résilience. Le Réalisme de l'espérance*, *op. cit.*

道，但回忆起那个画面令他感到无比幸福，足以消除果酱给自己带来的不适。

这些孩子只能通过偷盗的行为来表达自己的内心，这是他们因为还不知道怎么用语言去表达。然而，面对他们，成年人却只会化身正义使者进行谴责，批评他们忘恩负义，对社会给予他们的一切丝毫没有感激之情，反而通过犯罪扰乱社会秩序。

而“给予”正是问题所在。一个得不到关爱的孩子被剥夺了情感，别人的馈赠只会让他感到更加痛苦。“诚然，这些无依无靠的孩子会得到安置，不至于挨饿受冻。但也正是因为一切都是别人给的，孩子会觉得自己无时无刻不在接受，而他必须为此表达感谢……①”别人的好意让孩子产生负担，而偷窃的行为却带给了他自由。因此，如果我们不希望这些孩子继续行窃，一个有效的方法是要求他们给予和付出。正如书里所写的那样：“一位女士对他说：‘我要把自己的裙子送给我的女佣，她一定会很高兴。’而他回答道：‘很好，那么您的女佣会送您她的裙子吗?’②”相互的给予会比偷窃行为更令人感到自由，因为在这个过程中，一种平等的关系被重新建立起来。更重要的是，孩子会认为“我很强大，也很慷慨，因为我能够给予别人他们想要的东西”，从而与他人建立联系。

有时，那些小偷小摸的孩子也会做出给予的行为，但都是偷偷进行的。前文提到的那个偷吃果酱的小男孩罗杰曾经偷来一件小饰品，这么做并没有什么特别的原因，只是为了拥有它。罗杰把偷来的东西卖给了孤儿院里一个年纪比他大一些的孩子以后，立刻跑去了孤儿院隔壁的一栋房子门前。那里住着一位独居的老太太，罗杰认识她是因为有一天他

---

① SARTRE J. -P., *Saint Genet comédien et martyr*, *op. cit.*, p. 17.

② *Ibid.*

们在一起聊了天，这种相处对孩子而言难能可贵。在聊天的时候，老太太告诉罗杰，自己经济拮据，有时候甚至连买食物的钱都不够。来到老太太家门口的罗杰身手敏捷地顺着墙壁爬上了二楼的窗台，然后翻窗进了二楼的厨房，在一桌子的药瓶中间看到了一个盘子，上面放着老太太的钱包。冒着被发现的危险，罗杰把贩卖赃物换来的钱塞进了钱包里，接着立刻就逃走了，就好像小偷一样，但他明明是一位慷慨的馈赠者。

偷窃和馈赠的行为交织在一起，这也会让罗杰有一些困扰。盗窃来的赃物变成了赠予别人的礼物，这个转变过程令他的角色发生了改变，却不足以支撑罗杰和别人建立更进一步的关系。事实上，他偷偷把钱放在老太太的钱包里，就是为了避免她知道之后向自己道谢。罗杰不希望老太太产生负担，因为他知道“馈赠”是一种沉重的压力。这件事罗杰谁也没说，他觉得一旦告诉别人，这个秘密就失去了最初美好的模样。为此，他找到了一个方法：每当自己因为孤独而难过和痛苦时，就给自己讲一遍通过盗窃给别人换来礼物的故事。这样做使得罗杰的内心世界重新变得丰富起来，他整个人也发生了彻底的改变。在罗杰心中，自己不再是一个被别人看不起的“贫儿”，而是摇身一变成了“隐形的王子”。“那些人认为我弱小又可怜，但其实他们根本不知道我有多大的能耐。”

和神话中虚构的怪物一样，虚构的过去并不是虚假的

对于那些受到严重创伤影响的孩子而言，上述方式能够帮助复原过程的发展。当这些孩子赠予别人东西时，就具备了进行交往的能力，但前提是他们的内心想法已经发生转变，不再会因为过去的不幸经历而痛苦不堪。在现实和精神世界中同时做出改变，才能够减轻来自这两个世界带来的创伤冲击。

在孩子很小的时候，他就明白了开口说话代表自己需要去找到合适的词句来进行表达。当他具备描述事件的能力时，就会不自觉地在记忆中搜寻事件相关的场景和带来的情绪体验，然后用语言对它们加以描述。然而，被讲述出来的故事必然是虚构的，因为孩子不可能记得所有细节，而且他的性格特点会令其把关注点放在某些特定的事物上面。但请注意，“虚构”并非等同于“虚假”，因为构成这个故事的每一个元素都是真实的，就好比神话故事里那个有着狮头、羊身、龙尾的吐火怪物，它身上的每一个部分在现实世界中都有对应，但它本身是虚构的。虽然由这些元素组成的故事内容并非真实存在，却实实在在地反映了孩子对于所发生的真实事件的看法，并由此引起他身心的感受。

每个人都在虚构属于自己过去的故事，并对此深信不疑。而为了减轻痛苦，受到伤害的孩子比任何人都需要这个故事，像相信神话中的怪物存在那样坚信自己的故事也发生过，因为只有这样，他才能承受这个由自己创造的现实。

一旦孩子能够讲述自己的遭遇，他与人交往的方式就会发生变化①，体会到的感受也会随之改变。但做到这一点，需要数年的时间。在出生后的十八个月里，和他人的互动情况会塑造孩子的性格和气质。随后，他会发现周围人的情绪因为自己的动作和表情发生变化。当孩子具备了描述发生在他身上的突出事件的能力，与别人所进行的互动就会有实质性的改变。因为从这一刻开始，这种互动不再停留于外在的感受，也不仅限于动作的模仿，而是能够通过语言交流来进行，这样孩子就可以向不了解其遭遇的人分享自己的故事。在向对方讲述的过程中，他重构了整件事，也让倾听故事的人的心情随之跌宕起伏。这不仅帮助孩子改变

---

① FAVEZ N. , 2000, «Le développement des narrations autobiographiques chez le jeune enfant. Perspectives et revue de littérature», *Devenir*, vol 12, no 1, p. 63-76.

了对于事件的看法，赋予其新的意义，而且令他得以和自己的倾诉对象建立更为紧密的关系。

在三到四岁的阶段，孩子已经发展出了叙事能力，但受到依恋关系的影响，讲述的内容主要是那些会引起他关注的事物，而且表达仍然不够连贯。比如他会说："爸爸拿起了扫帚。他把一只小鸟扔进了大海里。小鸟飞走了。"而同样的故事由一位成年人来讲述时则会变成："一只小鸟停在了阳台上，爸爸用扫帚把它赶走了。小鸟扑腾着翅膀俯冲向大海，随即又飞向蓝天。"

到了五岁的时候，孩子已经熟练掌握了语法和时间的表达，能够完整地讲述一个故事，并且有所侧重地突出重点内容。这使得倾听者根据孩子的描述能够在脑海中形成关于整个事件生动而丰富的画面，仿佛在看电影一般。

然而，创伤事件往往很难进行描述，既不能轻描淡写地一笔带过，也不能把它描述成神话一般的神圣故事。这类事件对于孩子所造成的强烈伤害令他只会记得一些具体的细节，而忽略了其他内容。因此，孩子对于创伤事件的描述往往不够全面和客观，除非成年人能够向他提出恰当的问题。在询问的过程中，不要试图去引导孩子的表述，甚至应该避免重复提出相同的问题，因为这样会让他觉得自己先前的回答是错误的，从而被迫给出一个新的答案。通常，孩子在回答的过程中表现得颠三倒四的原因在于向他提问的人缺乏专业性①。

回忆不幸的过去会让孩子再次陷入痛苦，导致其无法清楚地讲述那些遭遇。但更多的时候，这种情况是由成年人造成的。他们在询问时表现出强烈的引导性，对答案已经作了预设，因而孩子的表达会受

① PETER S., WYATT G., FINKELHOR D., 1986, «Prevalence», *in*: FINKELHOR D. (éd.), *A Source Book on Child Sexual Abuse*, Beverly Hills, CH Sage, p. 15–59.

到限制。而当得到的回答与预期不符时，他们会反过来责怪对方胡说八道。导致孩子产生问题的正是这些成年人。当受到伤害的孩子无法将藏在心里的关于过去的巨大秘密和盘托出，他会产生一种分裂的感觉，仿佛自己被分成了互相对立的两半。起初，孩子也许会受益于这种分裂感①，因为这让他渐渐学会了对什么人说什么话，有些不被别人接受的事情只能放在心里。在这个过程中，孩子的行为越发符合成年人的期待，他会因此变得讨人喜欢，但背后却暗藏危机。长大以后，孩子的内心会越来越矛盾，在与别人相处的过程中，受到环境的影响，他时而表现得和善健谈，时而又会变得阴郁暴躁。究其原因，正是因为在受到创伤后，孩子的真实感受和想法不被大人们所接受。为了适应，他只能把自己分裂开来，一部分按照周围人的想法和要求成长起来，而另一部分则躲在那个不被认可的内心世界里暗中发展。

在这个世界里，受伤的孩子必须自己去寻找复原的力量。一般而言，存在着两种方式。其一是对创伤事件进行叙述，孩子会自问这种不幸为什么落在自己的身上，这对自己意味着什么以及该如何面对才能脱离困境。当周围的大人不愿意倾听孩子的故事时，他只能说给自己听，一边重塑过去，一边创造未来。但这样做也许会令其陷入妄想，因为这个过程自始至终只有他一个人，没有旁人的介入，孩子内心的想法得不到修正，只会在自己营造的世界里越陷越深。

第二种方式则是将创伤事件表演出来。在演绎的过程中，孩子用自己的肢体动作表达内心的想法，这令他觉得一切不再失去控制，因而能够继续快乐地成长。

---

① IONESCU S., JACQUET M. -M., LHOTE C., 1997, *Les Mécanismes de défense. Théorie et clinique*, Nathan Université, p. 148-149.

当清晰的记忆被迷雾笼罩，过去不再难以承受，甚至就此变得美好

年仅六岁的小伯纳德被捕时，他立刻意识到自己彻底完蛋了。那天晚上，房间里一下子闯入了很多持枪的警察，过道里也站满了德国士兵。夜色下，篷布遮盖的卡车在外面的路上一字排开，整条道路都被德军封锁了。面对这一切，伯纳德却一点都不害怕，甚至非常镇定，因为德军兴师动众的逮捕行动令其无处可逃，只能认命。他知道自己会被处死，但不知道为什么。关押自己的地方在伯纳德看来就像是一个巨大的剧场，他仔细观察了窗户的位置，并且留意每天德军前来开门的时间。随后，他曾两次试图逃跑，但都以失败告终，还免不了被士兵们拳打脚踢。但也正是这两次逃跑经历让伯纳德发现了厕所门背后从底部一直到天花板的位置都钉着木板，构成了一个巨大的“Z”字形。

囚犯撤离行动开始后，伯纳德趁人不注意时偷偷来到厕所，顺着门背后的木板爬到最上面，侧过身子用背部紧贴着一面墙，双脚靠着另一面，就这样支撑了很长时间，连他自己都觉得不可思议。不知道过了多久，外面渐渐安静下来，德军喊叫的口令声也停止了，四下的寂静令他感到紧张，他知道现在轮到自己行动了。

这时，一名警察进来上厕所，他没有抬起头。几分钟后，伯纳德听到边上的门砰砰作响。紧接着，他所在的厕所的门猛地被推开，一个德国士兵走进来看了看，就在转身离开之前，他往上瞥了一眼，惊得叫出了声。他用枪托使劲敲击门框，失去平衡的伯纳德从门上掉下来之后撒腿就跑。外面烟雾弥漫，有一些穿着便服的人聚在一起交谈。喧嚣过后，这些人的说话声显得非常低沉。远处集中营的大门敞开着，阳光照了进来。门外，士兵们已经把囚犯都押送至转运车上，解散了队列。伯

纳德朝着相反的方向跑去，绕过那些正在整理武器的士兵，来到他们看不见的地方。不远处停着一辆救护车，一位护士发现并叫住了他。伯纳德跑到救护车边上，看到后门开着，便赶紧跳上了车。车里的担架上躺着一名奄奄一息的妇女，脸色惨白，伯纳德见状便躲到担架下面。时间仿佛就此凝固，车上的人都没有出声。这时，一名德国军医走了过来，对妇女进行了检查，然后批准送她去医院。

这就是烙印在伯纳德记忆中的故事。二十多年来，每当回忆起自己的过去，他都会以这个无言的故事作为开场。虽然伯纳德清楚地知道自己的生命并非始于此，但他把这视作人生故事的开端，就如同创世神话一般，蕴藏着他为今后人生故事的发展所做的铺垫。然而，为何伯纳德从来不把这个故事告诉别人，却对自己讲个不停？那是因为这件事在记忆中已经具有了特殊意义，他得以由此告诉自己："虽然命运不公、人性残酷，所幸希望犹存。"

伯纳德的内心也会因此变得矛盾，为了让自己更好地生活下去，他只能尽量美化这个关于过去的故事，令它不再那么可怕。事实上，过于真实未经加工的记忆会阻碍复原力的发展。当年，在伯纳德成功逃出集中营的几个小时之后，他被一个学生组织救下，藏在他们的后厨。这个组织的负责人是一位年轻的抵抗运动成员。然而没多久，一位厨师发现了伯纳德。他立马大发雷霆表示反对："不能让这个孩子留在这儿，一旦被发现，我们都会没命的！"伯纳德已经因为父母的死而感到非常内疚，他也知道自己死期将至，而从现在开始，他甚至还要为收留自己的人可能遭受的死亡风险负责。

当现实过于残酷，我们需要对其进行美化，令它不再那么沉重。伯纳德在内心一遍又一遍讲述着关于过去的故事，他想起了集中营的一个德国士兵。这个人经常来探望他，有时甚至会坐过来给他看自己孩子的照片。这对于伯纳德而言是一段奇特却美好的回忆。后来，当伯纳德回忆起救护车里的情景时，忍不住产生这样的疑问：当时上车的那位德国军医在检查受伤妇女时到底有没有发现躲在担架下的自己？一开始，他无法明确地回答这个问题。而当伯纳德把这件事情和自己与集中营里那个士兵所进行的亲切互动联系在一起的时候，他似乎越来越确定问题的答案。这就好比我们在看到一把椅子的三条腿之后，可以确信自己也见到了第四条腿，因为从逻辑上来讲，这件事是必然的。模糊的记忆片段与清晰又具体的回忆细节交织在一起，就这样永远地印刻在伯纳德的脑海中。

在被重复地讲述之后，这个关于过去的无言的故事越发流畅与连贯，甚至变得有一点不真实。伯纳德现在非常确定救护车上发生的事：那名军医先是检查了担架上受重伤的妇女，然后抬起担架，看到了躲在下面的孩子。他随后示意车子出发，而这个手势也代表着他对伯纳德的恩典，给予了这个孩子活下去的权利。

谁也没想到，将近六十年后，伯纳德找到了那辆救护车上的护士和受伤的妇女！他们一起回忆了当时救护车里发生的事。伯纳德记忆中所有的细节都得到确认，唯有一处出入：那位德国军医并没有抬起担架。他只是瞥了一眼担架上垂死挣扎的妇女，然后用法语说道："希望她死了，无论死在这里还是其他地方，只要死了就行！"所幸他未能如愿。这位妇女的脾脏受到枪托重击引发内出血，送到医院后进行了手术，最终活了下来。如果没有受伤，她可能早就死在奥斯威辛集中营了。那位护士对这些细节都记得很清楚，但她也不确定军医是否看到了藏在担架下的伯纳德。

受到创伤的人经常会出现这样的情况：他们清楚地记得发生过的事情，但与此同时，记忆中的一些细节又会经过重组形成新的回忆，与真实的记忆交织在一起。为什么会发生这样的情况？因为对于真实事件的记忆会让受伤的孩子感到困惑，无法理解也不能做出判断。比如，伯纳德也许会问："那个对我很好的德国士兵会不会突然就决定要杀了我?"如果不对记忆进行加工，任其以最真实的样子印刻在脑海中，这些不连贯的记忆碎片会让孩子陷入持续的恐慌之中。这也就是为什么在创伤发生之后，事件在脑海中的复现会再次让受害者痛苦不堪。因此，只有美化过去，让回忆变得不那么沉重，让不幸变得合理，受害者才能慢慢得到解脱。伯纳德在他的回忆中美化了德国军医的形象，使其和那位德国士兵一样具备了一丝人情味。通过这种方法，他为自己创造了一个美好的世界，在那里，敌人也会展现出善良的一面，而并非只是冷酷无情的刽子手。也正是因为这样，伯纳德才会相信世间美好尚存，加害者会被感化，而受害者则能迎来生机。

当现实的记忆与虚构的回忆结合在一起，就会激发复原力的产生，因为这让受害者觉得敌人并非无所不能，自己也不再不堪一击，甚至可以摇身一变成为英雄。他能够从敌区成功逃脱，也有能力在受到伤害之后建立起新的情感关系，获得安全依恋。

如果孩子记得对他造成伤害的创伤性事件，最好就是通过这种"创造性重塑①"的方式来重新面对、加工和接纳这段不幸的过去。当他给回忆增添了一些皆大欢喜的情节和英雄主义色彩后，曾经冰冷的现实就开始有了温度。如果不这么做，痛苦的回忆会如影随行，每当他放松警惕时就会立马涌现，将其淹没。而这也是那些创伤后遗症患者所需面对的困境。

有时，孩子会突然产生一些奇怪的想法和冲动，比如杀人、自杀或者就此沉沦、不再挣扎，这让他感到无法接受，因而会强迫自己压制情绪。而事实上，被压制的是对过去的痛苦记忆。如果过去被掩盖起来，

---

① FERENCZI, S. 1934, « Réflexions sur le traumatisme », *in*: FERENCZI S., 1984, *Psychanalyse 4*, Payot, p. 144.

就随时可能再次浮现；相较之下，否认过去显得更有效，因为这样做使得曾经的那些伤害不会继续成为威胁并造成痛苦。但要做到这一点，受害者必须对记忆进行加工，改写关于过去的故事，让自己能够彻底接受。如果他具备将这个故事变成一篇文章、一出喜剧或者一段亲密关系的能力，让别人从中受益，也许就会在社会层面被接受。

神意裁判和重返社会

然而，受到伤害的孩子在成长为对社会有所贡献的人之前，必须先学会重新掌控自己的情绪和行为。有时，孩子会做出一些让成年人无法理解的举动，但这其实是他为重新掌握自己飘零的命运所做出的努力。

当七岁的蒂尼奥·邦达看到雷纳莫反政府武装部队再次返回自己居住的村庄时，他并没有感到很害怕。就在前一晚，这些人用斧子活活砍死了他的母亲和她背在身上尚在襁褓中的孩子①。蒂尼奥躲在柜子下面，前面放了一个靠垫作为掩护，屏住呼吸，一动不动，静静地等待着士兵们的搜查。等到他们终于离开，蒂尼奥独自一人逃到了位于赞比亚东部靠近佩陶克的一个难民营。在他向大家讲述了自己是如何躲过屠杀之后，有一个人不止一次发出感叹："幸好这个孩子当时没打喷嚏，不然他肯定也会被杀掉。"听着周围成年人对此做出的评价，蒂尼奥产生了这样的想法：自己的生死其实只取决于一个不受控制的行为。

这种无法掌控的感觉令蒂尼奥没来由地觉得很沮丧。每当回忆起自己躲在柜子下面的那个场景，耳畔响起难民营里人们所说的那句话时，他的内心就会感到很愤怒。事实上，人们对于这件事的评价让蒂尼奥非

① FOZZARD S., 1995, *Surviving Violence. A Recovering Programme for Children and Families*, International Catholic Child Bureau, Genève.

常害怕，因为这令他产生了一种失控的感觉："我会被一种无法解释的力量控制，然后被迫做出一些受到惩罚的行为！"在蒂尼奥看来，这是一种潜伏的危险，威胁着自己未来的生活，令他感到非常苦恼。有一天，闲来无事的蒂尼奥拿起一根干草塞进鼻子里，忍不住打了个喷嚏。在那一刻，他忽然明白了那些大人们说的话确实有一定道理，无法控制身体反应的确会让自己处于危险之中。于是，蒂尼奥试图通过练习来控制自己的本能反应。尝试了几次之后，当他再次把干草塞进鼻孔里，鼻子会流一点血，眼泪也会止不住地往下掉，但他能够控制住不打喷嚏。大人们见状都觉得蒂尼奥疯了，但一想到这个孩子所经历的种种不幸，他们也就听之任之了。对于蒂尼奥而言，无数次的练习之后获得的成功让他终于能够告诉自己："我战胜了强加给鼻子的折磨，因而真正地控制了自己的身体。通过练习，我能够忍受住疼痛并控制住不打喷嚏。我知道了怎么做会不再感到害怕。现在开始我又能肆意地畅想未来了，因为我知道自己仍将得到幸福。"

如今，在非洲和大洋洲的一些地方，当地人仍然在施行中世纪时期流行的神意裁判。被族群判定有罪或者自认犯下罪行的人需要接受水浸或火灼等自然考验，来确定是否真正有罪。如果当事人通过了考验，则说明他是清白的，能够被社会所接纳。而对蒂尼奥而言，把干草塞到鼻子里是给自己的一种考验，当他战胜想打喷嚏的本能反应时，就证明自己通过考验获得了活下去的权利——尽管实际情况并非如此简单。这个看上去非常荒谬的做法却是令蒂尼奥获得复原力的关键，在渐渐长大以后，他会有这样一个信念："再多的挫折和苦难也无法阻止我实现自己的梦想。"

等待不幸的发生，这本身就是一种不幸，但蒂尼奥用自己的行为证明了幸福能够被创造，于是他成了一个幸福的人："虽然现在的我孤独、渺小又不幸，但只要我愿意，幸福就能降临。"

一些当时看起来并无意义的行为，在某些情景下被赋予了特定含义之后，便能够进行“表达”。蒂尼奥把干草放到鼻子里面的行为实际上象征着他的反抗，不愿再一味忍受命运的摆布。通过这个行为，他学会了如何去进行抗争。

不难想象，在蒂尼奥十五个月大的时候，他已经能够游刃有余地参与“假装游戏”。在游戏中，蒂尼奥化身为一个小演员，周围的人因为他的表现感到快乐，孩子也因此获得自信。经历了磨难的蒂尼奥又一次在自己的成长中发挥了关键作用。当他成功克服了打喷嚏这个身体的本能反应时，便认为自己能够重新掌控人生，这令他再次体会到婴幼儿时期所收获的自信。即便孩子认为“我永远也不可能忘记经历过的那些痛苦”，他也能够在对创伤的认知过程中实现自我的重塑。也许受到创伤的孩子会说：“过去的经历不可能消失，它们停留在记忆中，流淌在血液里，永远都会是我人生的一部分。”但事实上，创伤的形成需要经历两次打击，而第二次通常源于人们的认知。周围人的看法和孩子自身所具有的创造力都会起到决定性作用。比如，类似“这个孩子彻底完了”的评价会令受害者一蹶不振；而如果孩子因为创伤而做出“我一定要改变这段回忆，让它不再那么沉重，而是成为让他人受益的作品”这样的决定时，他会受到鼓舞而不断进步。

事实上，第二种情况并不罕见。受到创伤的孩子如果认识到自己能够被接受和喜爱，而且周围的人愿意为其提供自我表达的机会，他就很有可能“突然之间展现出惊人的能力，超常发挥，凭借第六感审时度势，确保自己能更好地生活下去①”。因此，创伤导致的结果未必都是负面的，有些人会因为过去的不幸经历而获得更大的发展。但不可否认

① BERTRAND M.,«Les traumatismes psychiques, pensée, mémoire, trace», *in*: DORAY B., LOUZUN C., *Les Traumatismes dans le psychisme et la culture*, *op. cit.*, p.42.

的是，这些事情终究会在受害者的内心留下痕迹，甚至会不自觉地影响着他人生中大部分的决定。

向孩子们“宣战”

在当今世界，对孩子们造成最严重侵害的其实是那些发动战争的国家或者因为不作为而导致经济衰败、社会动乱的政府。家暴、精神控制或者性侵，是造成创伤的第二大主要原因，而真正因为不走运而遭遇不幸的孩子其实并不多。

世界上受到侵害的孩子不计其数。仅印度这一个国家就有三千万孤儿，其中一千两百万生活在极端贫困中，五百万身患残疾，剩下的一千两百多万流离失所。这些数字让人麻木，也许是因为它们所代表的巨大数量已经超乎想象，又或许因为我们不是亲历者，所以无法感同身受。正如有些人所说：“这些事情离我们太遥远了，况且这世间的不幸是无法穷尽的。”然而，“世界各地所发生的恶性事件正在影响着数以亿计的孩子们的未来成长，会对许多国家社会和经济的发展造成威胁①”。

进入二十世纪以后，科技的进步带来了装备的提升和交通的发展，却也催生了在远古时代和中世纪都不曾出现的野蛮行径——以消灭孩子们为目的的“战争”。二十世纪初，土耳其人对有着亚美尼亚血统的孩子大开杀戒；到了二十年代，受过良好教育的德国人将他们先进的工业技术和高超的管理水平用以实施种族灭绝政策，屠杀了近十万名儿童；甚至自诩慷慨的美国人在实现了民主之后，仍然选择向长崎投出致命的

① EHRENSAFT E., KAPUR M., TOUSIGNANT M., 1999, «Les enfants de la guerre et de la pauvreté dans le tiers-monde», *in*: HABIMANA E., ETHIER L. S., PETOT D., et TOUSIGNANT M., *Psychopathologie de l'enfant et de l'adolescent*, *op. cit.*, p. 641.

原子弹①。

假设奥斯威辛集中营出现在当今社会，我们会在电视新闻上看到相关报道。可以想象，电视机前的观众看到的将会是集中营干净整洁的环境和彬彬有礼的工作人员。当前去采访的记者看到集中营里出现的烟囱，也许会露出惊讶的表情，因为在一个注重人力劳动的地方，这显得有些不合时宜。到了晚上，城市里那些看过这则新闻报道的人也许会在晚餐时一边品尝着美酒，一边和朋友谈论这个话题。他们的生活完全不同于那些在现实的泥潭中不停挣扎的人，然而后者才是我们真正需要去了解的。

受到伤害的孩子需要周围人持续为其提供复原的外部条件。伤害发生之后，他需要在第一时间得到支持，这是获得复原力至关重要的第一步。这种支持并非一定需要通过语言实现，其目的是能够让孩子在受到创伤之后重新建立与外界的联系。在此之后，家庭和相关组织需要为其创造条件，让他能够对遭受的创伤进行自我表达。最后，如果孩子得以重新融入社会，新的环境便有助于激发复原力。当上述三个条件全部得到满足，孩子在今后的人生中就能够不断地发展自己的复原力。

科索沃战争结束以后，很多当地的孩子都产生了不同程度的心理创伤。在波克勒克，一个五岁的小女孩经历了旁人难以想象的噩梦：她和另外五十多个人被关在一个房间里，这些人全部都是她的亲人和同村老乡。敌人用机枪对他们进行扫射，然后放火焚烧尸体。幸运的是，小女孩当时被压在了最底下，其他人的尸体形成了一道屏障，令她躲过了子弹和大火的侵袭。小女孩最后是被她的父亲找到的。事发时这位父亲并

① TOMKIEWICZ S., 1997, «L'enfant et la guerre», *in*: BERTRAND M., *Les Enfants de la guerre et les violences civiles*, *op. cit.*, p. 12, et TODOROV T., 2000, *Mémoire du Mal, passion du Bien*, Seuil.

不在场，他在惊闻噩耗之后匆匆赶来，徒手搬走一具又一具亲朋好友的尸体，才终于发现了自己幸存下来的女儿。然而，在那一刻，他已经无法对孩子做出任何安慰的举动，因为眼前的景象让他彻底崩溃。看着曾经鲜活的生命就这么骤然消逝、化为灰烬，他的内心充满自责："为什么我当时不在……他们被枪杀的时候，我在山上采蘑菇……他们遭遇烈火焚身的时候，我却在逍遥自在……"这位父亲如此悲痛和内疚，以至于忽略了自己劫后余生的女儿内心的感受。这个浑身沾满鲜血、因大火而变得灰头土脸的小女孩就这么一动不动地站在其他人的尸体后面，父亲却没有去拥抱和安慰她。后来，一位邻居给她洗了澡，接着小女孩抓起两个布娃娃就躲到了一辆婴儿车里，整整两个月都不肯出来。

当我们去看望这位父亲时①，他拒绝接受帮助。每当感觉好一些或者重拾对生活的热情时，强烈的负罪感就会立刻制止这些念头，令他坚信自己是个魔鬼，不配得到幸福。在至暗时刻，他未能陪在家人和朋友身边同他们一起赴死，这对他而言是一种莫大的罪过，需要用一生去偿还。而这位父亲进行补偿的方式就是全身心地为身边的幸存者付出，其中包括他的邻居们和女儿，尽管这个小女孩只能生活在父亲的悲伤之下。

我们极力劝说这位父亲将女儿送去一个名叫"国际难民儿童"的组织于普里什蒂纳设立的援助中心进行康复训练。然而，看着自己女儿坐在婴儿车里摇摇晃晃的样子，他非常明确地告诉我们：孩子不可能恢复到原来的样子。就在这时，我们这次访谈的录音师大卫开始对着推车里的小女孩做鬼脸，像个袋鼠一样上蹿下跳。他的行为引起了孩子的兴趣，小女孩望着他，如同接受了一次心理治疗。虽然他们没有说话，却

---

① ANGLADE M., PIROT D., CYRULNIK B., 1999, *in*: ALLAIN-REGNAULT M., *Va-t'en la guerre*, émission France 2, 11 novembre.

在精神层面进行了积极的互动。几分钟后，小女孩突然一跃而起，像大卫一样开始模仿袋鼠蹦蹦跳跳的样子。看到孩子的脸上终于展露出微笑，她的父亲惊讶不已。事实上，父亲的痛苦就像一座密不透风的牢笼，将孩子困在其中，令她无法脱身，只能一起沉溺在痛苦里。当这位父亲看到孩子再次展现出活泼的样子，感受到她的勃勃生机时，终于同意将其送到“国际难民儿童”援助中心。在那里，没有人再向小女孩提起曾经的伤痛，大家总是对她笑脸相迎，不断鼓励她，和她一起做游戏。新的环境令小女孩重新找回希望与生活的勇气，也由此拯救了那位心如死灰的父亲。要不是大卫当时的举动，也许直到现在，小女孩和她的父亲还沉浸在悲伤之中。也许对于大卫来说，扮个鬼脸逗孩子开心只是出于本能的反应，但事实上，对着受伤的孩子展露笑颜并不总是一件容易的事。如果孩子一直在周围人的身上感受到痛苦和麻木，那么渐渐地，他也会失去快乐，感受不到幸福。

自从 1942 年伦敦发生大轰炸事件以来，人们逐渐意识到孩子在遭遇不幸之后出现的心理反应其实取决于周围成年人所呈现出来的状态。轰炸固然可怕，但事实上，这并非造成心理问题的主要原因。孩子所处的情感环境才是决定灾难是否会带来创伤的关键因素。在轰炸发生期间，如果孩子周围的每个人都忧心忡忡，所处的环境充满不确定性，或者频繁的疏散和撤离以及随时可能发生的死伤阻碍了复原力的发展，那么他们中的很大一部分都会出现精神障碍问题，有时类似精神失常的表现会一直持续。然而，如果这些孩子周围都是情绪相对稳定的大人，能够为他们创造平和安宁的成长环境，那么心理问题出现的概率几乎为零①。甚至有时，孩子独自一人面对轰炸，会比和父母在一起时更快平

① CAREY-TREZFER C. J., 1949, « The Result of a Clinical Study of War-damaged Children who Attended the Child Guidance Clinic», The Hospital for Sick Children, Greet Ormond Street, London, *Journal of Mental Science*, 95, p. 335-599.

复自己的心情。因为一个人的时候，他也许会在好奇心的驱使下爬上屋顶，观察整个城市是如何因为轰炸而变成火海和废墟的。这对他来说就像一个叹为观止的新奇节目，令其从中感受到快乐。创伤事件之所以会造成伤害，并不仅仅是因为它的恶劣性质，“从某种意义上来说，它破坏了依恋关系，孩子因此受到影响①”。面对发生的不幸，依恋对象所表达的情感和应对方式会令孩子得到安慰，或者相反，令他更加不安。如果灾难事件没有影响到受害者身边的人，那么它给当事人所造成的负面影响会相对较小；但倘若周围人都因为发生的不幸而陷入痛苦，即便这件事情并没有导致灾难性的后果，受害人也会因此受到严重伤害。

为了免受痛苦，我们应该积极行动并努力理解

现在，我们能够对以下现象做出解释：黎巴嫩的士兵虽然经历了异常艰苦的战争，但在回到故土后，得到的是人们的赞美、关心和崇拜，因此他们很少会因为战争而留下创伤；相比之下，在越战中幸存下来的美国老兵大多产生了严重的创伤后应激反应，因为他们在返回美国之后受到了本国人民的强烈谴责。同样地，一些法国士兵从阿尔及利亚返回马赛之后遭到当地人的谩骂和侮辱，然而他们并不明白自己做错了什么，因此陷入深深的困惑，甚至出现了精神错乱。此后很长一段时间，这些士兵每天都会回想起曾经的战争，也越发感到混乱，因为他们不明白战争的意义，所以无法为自己的行为找到合理解释。当一件事情丧失了意义，就会让人陷入迷茫，我们不知道这意味着什么，因而无法采取相应的行动。所以，对于遭受到的打击，我们应该赋予其意义，这样才

① BADDOURA C., 1998, «Traverser la guerre», *in*: CYRULNIK B. (éd.), *Ces enfants qui tiennent le coup*, Hommes et perspectives, p. 81.

能明确下一步的行动究竟是积极应对、消极逃避还是彻底改变。创伤事件发生之后，受害者首先要让自己理解事情的缘由，然后做出应对，这样才能够实现“复原”。这两个条件缺一不可，否则复原力无法得到发展，受害者也会因此出现持续的精神障碍。只有理解却不采取行动会引起焦虑，而冲动冒进却不加思考则极有可能让人做出不理智的行为。

战争过后，最容易出现创伤综合征的是那些被迫作为旁观者而无法采取行动的人。“缺乏武器和装备、没有特定的作战目标或者找不到行动的意义，这些都是当事人陷入被动的原因，会令他心绪不宁、感到痛苦，进而变得非常脆弱①。”

不同的战争造成的后果存在着巨大差异，出现战后创伤综合征的人数也大不相同②，这归根结底取决于战争发生的背景和具体情况。有些士兵会因此获得复原力，而另一些在面对同样的情况时却会受到强烈打击。

然而，一味地采取行动却不明白自己为何要这么做，这样也无法获得复原力。流离失所的孩子如果同时还被整个社会遗弃，为了让自己适应这样不堪的环境以生存下去，他只能去乞讨、偷盗甚至卖淫。但是，“适应”并非“复原”，它能够让人继续生存，却不会继续发展，甚至有时会造成更严重的问题。

在不受法律约束和礼仪规范的环境中，孩子为了生存被迫走上犯罪道路。在实施犯罪的过程中，他能够充分发挥自己的聪明才智和能力特长，这令其感到自己虽然身处病态的环境之中，却仍然是一个健康的正常人。周围的一切都显得那么疯狂，孩子也只能铤而走险，通过侵犯他

---

① LEBIGOT R. , 7 o Entretien Science et Défense, *in*: RIOU S. , 1996, «Le stress des soldats de la Paix», *Impact Médecin*, no 307, 26 janvier.

② CHNEIWEISS L. , 1998, «Les états de stress post-traumatiques», *Abstract Neuro-Psy*, no 176, janvier, p. 12-17.

人来获得对自己的认可。当社会变得分崩离析，家庭就此消失，孩子的成长不再依赖于父母的肯定和鼓励，而是依靠“同伴的认可来建立自尊和自信①”。“正是在他人的注视下，我们迈出了获得自尊的第一步②。”衰败的社会风气导致人与人之间的关系也变得紧张起来，在这样的背景下，孩子会因为自己的偷盗行为建立起自信心。这是他适应环境的方式，却不能帮助实现复原，因为他无法就此理解或者面对所处的困境。在成功实施盗窃的当下，孩子看上去取得了胜利，但实际上感受不到任何意义。

布痕瓦尔德集中营的幸存者汤姆回忆说：“1945 年 6 月初，我和另外一百多名孩子坐上了从布痕瓦尔德开往巴黎的火车。离开集中营后，过了三四天我们才抵达德法边境。在此期间，每经过一处村庄，孩子们就会铆足了劲在田间地头搞破坏，仿佛阿提拉大军一般摧毁着一切他们无法掠夺的东西。然而，在进入法国境内以后，大家接到了指令：‘这里是同盟国，我们要安分守己。’从蒂永维尔到巴黎的路上，孩子们像换了个人一样，不仅把自己收拾得干干净净，而且表现得彬彬有礼，脸上还洋溢着灿烂的笑容③。”

五十年后的今天，这些曾经被视作不良少年的孩子大部分都“改邪归正”，过上了体面的生活，有些人还取得了令人惊讶的巨大成就。一些孩子成了裁缝或者商人；有不少活跃在文化界，撰写小说或者在大学任教；另外还有很多人变成了创作者，在戏剧和电影行业贡献着自己的力量。在他们中间，甚至还出了一位诺贝尔文学奖得主。我们也许可以

---

① HARTER S., 1998, «Comprendre l'estime de soi de l'enfant et de l'adolescent. Considérations historiques, théoriques et méthodologiques», *in*: BOLOGNINI M., PRÊTEUR Y., *Estime de soi*, Delachaux et Niestlé, p. 63.

② ANDRÉ C., LELORD F., 1999, *L'Estime de soi*, *op. cit.*, p. 78.

③ TOMKIEWICZ S., 1997, «(Résumé) L'enfant et la guerre», *in*: BERTRAND M., *Les Enfants dans la guerre et les violences civiles*, *op. cit.*, p. 28-29.

把这一切归因于“痛苦的经历让人产生创作的动力[①]”。设想一下，如果这些孩子继续生活在原来的环境中，或者被送到毫无人情味的福利院里，依靠武力解决一切问题，他们中的很多人也许会就此沉沦，成为真正的罪犯。

然而，虽然这些孩子有着近乎相同的经历，他们对此做出的反应却不尽相同。在八岁至十四岁的这几年里，他们先是经历了家庭破裂，然后在集中营里受尽折磨，最后才在法国得到救赎。尽管如此，个别孩子因为过往的经历已经习惯于通过不良行为进行自我防御，这使得他们无法适应新的环境并从中感受到快乐。值得注意的是，出现这样的情况并非因为这些孩子受到的侵害最为严重，而往往是由于他们在早期形成了不安全的、回避的或者矛盾的依恋。这样的依恋关系让他们逐渐变得以自我为中心，因而在面对外部刺激时，他们会做出一些冲动的行为来保护自己，而不是尝试去探索和战胜这种刺激。另一方面，尽管这些孩子被送去福利院以后得到了悉心的照顾，但他们并不领情，总是试图反抗，并以此为荣。对他们来说，福利院里人们的关怀是别有用心的行为，只有逃跑、偷窃和打架这些事才能带来快乐。因为这些行为，他们成了其他孩子眼中的“不良少年”，从而进一步被孤立和边缘化。不过，这并不代表非安全型依恋一定会让孩子走上歧途，但至少说明安全型依恋关系的建立有助于创伤之后的复原。

相反，一些受到虐待的孩子在最初几个月里会对频繁发生的侵害行为表现得无动于衷。在身心都受到严重创伤的情况下，他们的漠然其实是一种自我保护的方式。自身发展的停滞能够令这些孩子逃避所需面对的痛苦，并通过遗忘来减轻伤害。然而，虽然这种方式在一定程度上保

---

① GANNAGÉ M., 1999, *L'Enfant, les parents et la guerre. Une étude clinique au Liban*, *op. cit.*, p. 30.

护了他们，却让这些孩子变得越来越封闭，失去了和人交往的能力。进入学校以后，他们会认为读书没有任何意义，甚至嘲讽道："和我每天所要经历的痛苦相比，勾股定理根本不值一提。"于是，他们选择堕落，宁愿在外面流浪，虽然缺衣少食却能够为非作歹，这令他们产生了一种活过来的感觉，感到自由、轻松甚至快乐……这种适应性的防御行为虽然让孩子们得到保护，却无法帮助他们获得复原力，因为这些行为只会令生存环境变得越发恶劣，进而使他们受到更多伤害。

然而，即使在这种情况下，孩子仍然有可能实现复原。

蒂姆就是个很好的例子。"我是一个酒鬼的儿子，从小就被遗弃，但没有被命运打败……三岁的时候，妈妈把我绑在了一根电线杆上……此后她再也没有出现。"四岁时，他每天光着膀子睡在狗窝里，边上是唯一的朋友——一条名叫塞姆拉的小狗。到了五岁，有一天蒂姆被父亲关在地窖里毒打，满脸是伤，腿也被打断了。在医院经过了很长一段时间的康复治疗后，他还是无法开口说话。接着，蒂姆被送到了孤儿院，七岁的他在那里受尽嘲讽和虐待，得不到任何人的关心，甚至还被关在一个被称为"精神病监狱"的地方。再后来，他被送去农村。有一次，他的一个小伙伴在谷仓里点蜡烛玩，一不小心造成了火灾。蒂姆因此被宪兵带去了管教所，在那里，他学会了打架。因为受尽了屈辱，通过暴力解决问题是唯一能够让蒂姆感到自豪的方式。他很喜欢管教所里盗窃犯剃的光头，也发自内心佩服那些因为持枪抢劫而被关进来的青少年。叛逆的行为令蒂姆重获自尊，于是他不断地逃跑、行窃、打架，甚至参与强奸和卖淫。那时，他也不过十二岁。

然而，在蒂姆宛若噩梦的人生中，仍然有一股微弱的力量在支撑着他，令复原的实现成为可能。蒂姆的内心深处始终保持着对爱的渴望，所以对于生命中偶尔出现的那些温情时刻，虽然从未提及——因为他很少说话，而且也没有听众——却一直铭记在心。蒂姆记得小时候每天夜里和塞姆拉互相依偎，躺在狗窝里的情景；记得在医院进行康复治疗的时候，虽然得不到任何情感慰藉，却会幻想父亲优雅得体地出现在病房里；还记得被送去农场以后，在那里认识了一个叫“盖比爸爸”的人，他总是亲切地叫自己“儿子”，却并不要求蒂姆喊他“爸爸”，他们之间建立起一种稳固的情感关系并一直持续到火灾发生前。事实上，蒂姆和盖比爸爸之间这种类似亲情的关系在现实中并没有维持很久，但蒂姆一直牢牢记在心里，并因此产生了一种认同。这让他得以遇到那些能够带来帮助的人，然后通过他们发展出复原力。诚然，与这些人的相遇是偶然，但正是因为蒂姆具有这样的意愿，这种偶然便成了必然。试想，如果内心没有对爱的渴望，蒂姆即便遇见了这些人，也不会和他们建立起联系。那么，他就不会认识那个每天和自己讨论《世界报》内容的流浪汉莱昂；不会被一位试图拯救自己的女法官的行为所触动——那时蒂姆又一次因为自己犯下的罪行而被审判，但这位法官并没有像其他人那样对蒂姆实施惩戒或者直接将其送去管教所，而是要求他在学校好好表现，半年后提交一份优异的成绩单来赎罪；也不会聆听那位心地善良的牧师的教诲，为自己悲惨的命运找到存在的意义；最重要的是，他永远也不可能遇到那个改变自己一生的名叫玛蒂娜的女孩。

如今，蒂姆已经是四个孩子的父亲，他并没有让这些孩子重蹈自己的覆辙。相反，那些相遇令他把记忆中的幸福微光化作了永恒而持久的爱。现在的蒂姆成了一名养蜂人，过去那些扭曲、破碎和痛苦的经历教会了他勇敢地去面对生活。他用自己的故事勉励着所有孩子，尤其是那些经历过挫折、受到过伤害的孩子们。他让他们明白，爱和原谅是实现复原的关键。“没有什么伤口是无法用爱来抚平的①。”

---

① GUÉNARD T. , 1999, *Plus fort que la haine*, Presses de la Renaissance, p. 269.

战争有时也能助力复原力的发展

战争带给幸存者的伤害未必会比日常的磨难来得严重。孩子身处的情感环境以及旁人赋予事件的意义对其发展起了决定作用。他会因此变得脆弱，或者相反，获得复原力而变得更加坚韧。

每场战争都有着不同的"特征"，这正是经历过战争的孩子产生创伤或者得以恢复的原因。奇怪的是，随着战事发展，它的后果严重与否取决于文化所赋予的含义。

曾经，贵族们为了扩张自己的领土而发起战争，他们为此自掏腰包添置武器和服装，并配备人员，所以会格外珍惜和爱护这些资产。瓦尔米大捷之后，拿破仑战争每次的死亡人数居高不下，有时甚至高达十多万，此时的人员成本已经不像原来那么高昂，而且为此买单的是整个国家。在第一次世界大战中，死亡的人主要是作战的士兵。但到了第二次世界大战，科学技术的进步令一些国家通过精准投掷炸弹的方式来屠杀平民。不过，那个时候的士兵并非没有开化。比如纳粹成员很少强奸妇女，只会残酷地杀害那些在他们眼里需要被消灭的人，并对此冠以道德之名。此后的数十年间，战争渐渐变成了强奸、折磨平民和屠杀儿童的近义词。巴尔干地区的士兵就因为在当地疯狂实施强奸而臭名昭著。而"自 1993 年 10 月以来，在布隆迪因政变引起的大规模民族流血冲突让人们甚至顾不得对事件中死伤的人表示哀悼"，由此造成了"道德观念和价值观的崩塌并引发精神问题①"。在中东地区，一些武装组织把总部设立在医院或者学校，并在那里堆放武器，目的就是让敌人在发动袭

① BARANCIRA S.，1997，«Aspects psychiatriques en situation de catastrophe au Burundi. La crise d'octobre 1993»，p. 45 et 53，*in*：BERTRAND M.，*Les Enfants dans la guerre et les violences civiles*，*op. cit*.

击时受到国际社会的强烈谴责。不过，在黎巴嫩，即使常年战乱，一些道德标准仍然被坚守着，比如在特定的宗教节日休战、尽量不伤及平民以及减少酷刑的实施。即便如此，黎巴嫩的基督教民兵组织依然在以色列士兵的掩护下实施了贝鲁特难民营大屠杀，制造了骇人听闻的恶性事件。然而，如果没有道德规范的约束，人们还会探讨这件事吗?

第二次世界大战之后，针对幸存者，尤其是那些经历纳粹屠杀的孩子的研究开始陆续出现，内容主要围绕侵害事件和情感剥夺引起的精神问题。然而，“情感剥夺”这个概念却遭到了当时女权主义者的强烈反对。伟大的人类学家玛格丽特·米德便是其中之一，她特别强调儿童的成长不需要感情，而且认为勒内·斯皮茨和约翰·鲍比的临床研究结果实际上是在表达男性拒绝让女性外出工作的意愿①。然而，这种观点并没有得到后来者的认可。无论是安娜·弗洛伊德、多萝西·伯林汉姆还是在她们之后涌现的其他女性研究者，比如米莉恩·戴维（Myriam David）、吉纳维芙·阿佩尔（Geneviève Appel）或者玛丽·梅因，都对相关问题作出了一致的行为描述，并给出了相同的心理治疗方法。当然在今天，这种批评并不再具有任何意义。

通过对受到黎巴嫩战争（1975—1991 年）影响的孩子的成长情况进行分析，我们能够更好地理解，面对同样的创伤，为什么他们中的一些人得以恢复过来，而另一些人却有可能终生沉溺于痛苦之中②。米尔纳·甘纳杰将这些孩子分为两组进行比较研究，其中一组亲身经历了战争，另一组跟随父母来到了巴黎并通过他们的讲述了解曾经发生的战争。此外，米尔纳还专门设立了一个对照组作为参考，他们都是从小在巴黎长大的孩子。这种比较研究让我们得以发现孩子出现的精神问题，

① LEBOVICI S. , LAMOUR M. , «L'attachement chez l'enfant. Quelques notions à mettre en évidence» , *Le Carnet psy*, *op. cit.* , p. 21.

② GANNAGÉ M. , *L'Enfant, les parents et la guerre*, *op. cit.*

并跟踪其发展，有时甚至能够找到造成问题的原因。

令人惊讶的是，尽管这些孩子先后受到战争长达十六年的影响，其中三分之一却“安然无恙”。不过，需要指出一点，他们都有着良好的家庭背景。让这些孩子免受苦难的当然不是父母的工资收入，而是父母在言谈举止中为他们营造的具有保护性的生活环境。在很小的时候，这些孩子就能够流畅地进行表达，并且很自然地从对现实情况的描述过渡至自我想法的阐述。当然，他们也会害怕亲人受到侵害或者被迫离开自己。当社会处于动荡，依恋关系会带来安慰。因而，我们会发现外部威胁令夫妻关系和亲人之间的联系变得更紧密，家庭就此成了避风港。

不过，精神问题的出现与家庭背景并没有直接关系。无论他们属于何种社会阶层，存在精神障碍的孩子看上去都是垂头丧气、行动迟缓、神情沮丧，而这些表现远比语言更能突出他们内心的悲伤，因为很多时候这些孩子尚不能够流畅地表达自己的感受。他们对一切事物都缺乏兴趣，既不喜欢玩耍，也不愿意上学，因此会渐渐地被疏远。有时候，当他们好不容易画了一幅画或者用橡皮泥完成了一个作品时，会突然之间情绪失控，然后将其摧毁。通过这种行为，他们也许想要表达的是：“我做的一切都没有价值。这些东西不应该出现，因为它们只会显示出我的无能。”

然而，即便如此，这些孩子仍然存在着一些发展复原力的可能性。不幸的经历令他们对痛苦变得很敏感，因而会显得有些早熟。别人的痛苦也会让他们感同身受，并且不顾一切地伸出援手，因为这么做会产生一种被需要的感觉。为了帮助那些遭遇不幸的人，这些孩子不惜做出自我牺牲以赢得一些好感和肯定，但有时也会让自己成为别人利用的目标。这种牺牲并不是传统意义上伟大的奉献，因为当事人通常不会大张旗鼓地宣扬，甚至有时候不会让对方知道。更多时候，孩子们表现出的利他主义是出于救赎自己的目的，因为在他们眼中，战争之后撇下亲人独自活下来是一种莫大的罪过。

这些孩子过早地成长为大人，非常喜欢去照顾别人①。在这个过程中，他们感到自己被肯定，并能够与他人建立起联系。但是千万不要赞许这样的行为，因为这些孩子习惯于自我否定，与旁人的情感联系很轻易就会被破坏。周围的人也许会为他们超乎同龄人的懂事感到欣喜，但这其实是一种自我伪装的方式。当一个人深陷痛苦，快乐这件事会让他害怕。他不仅不会去追寻快乐，甚至连产生这种想法都会感到罪恶。于是这些早熟的孩子只能迫使自己再去为他人付出。

与此同时，他们非常渴望摆脱停留在脑海里挥之不去的过去，对此加以否认、假装乐观、努力遗忘并积极参与日常琐事，目的就是让自己逃离过去、着眼当下。

此外，这些孩子有时候会幻想自己拥有一些神奇的超能力，让他们得以在战争中幸存下来，而这也是获得复原力的方式。孩子们会祈求上苍赋予自己力量、财富、知识，但他们最想获得的是别人的爱。很多时候，他们会创造出一个想象中的朋友，和自己朝夕相处，以便获得面对残酷现实的勇气。每天晚上，他们的“朋友”会在幻想中如约而至——也许是一个活泼的小男孩或者可爱的小女孩，也有可能是一匹马或者一条狗——这些朋友会毫无保留地爱他们。孤单脆弱的时候，只需要一个微笑、一个动作或者仅仅是想象中的陪伴就足以让他们得到慰藉。当现实过于残酷，这些孩子只能靠自己的想象去创造一些幸福快乐的故事，而动物往往在其中扮演着重要角色。它们乐于陪伴和付出，并且愿意被照顾，对于那些渴望扮演照顾者角色的孩子来说是再好不过的伙伴②。

然而，当周围的人对孩子过于保护时，他们很有可能就此扼杀复原

① LE GOFF J. -F. , 2000, *L'Enfant parent de ses parents*, L'Harmattan.

② MATIGNON K. L. , 2000, *Sans les animaux le monde ne serait pas humain*, Albin Michel.

力发展的可能性。一些单身、丧偶或者生活不幸的母亲会通过这种极端的教育方式来让自己获得安慰。“只有在照顾孩子的时候，我才会感到开心。因此，我强迫自己不断付出，直至精疲力竭。”但过度的付出会造成孩子的依赖，当他进入青少年阶段不得不学会独立时，会反过来责怪母亲当年的无私奉献。过度保护型母亲会随时随地满足孩子的任何需求，但这样会令其逐渐丧失思考能力，因为孩子什么也不用想，母亲已经准备好了一切。

孩子在幼年时期很容易获得复原力，但同时这种力量也非常脆弱。受到环境的影响，它会消失、变化或者增强至一种稳定持续的状态。

当孩子身处糟糕的环境中，被一群绝望的成年人包围，可以肯定他将无法获得复原力。如果周围的环境不能支持其发展，最为严重的后果便是孩子因为情感剥夺而停止发育①。研究表明，当儿童在两岁以前由于战乱和社会动荡变得居无定所、无依无靠，他在之后丧失行为能力或者出现严重抑郁问题的可能性将变得相当高②。孩子的发展需要稳定的外部环境和带来情感慰藉的依恋对象，当这两者都消失的时候，他将无法实现成长。

如果孩子找不到倾诉的对象，无法在和别人的沟通中纠正自己的想法，那么他在心底为自己创作的故事虽然能够带来复原的可能性，但也有可能将其引入歧途。受到伤害的孩子只能在心底一遍又一遍地重复自己的故事，因为没有听众愿意了解其中的细节，并一起分享他的喜怒哀乐。有时，孩子甚至会因此陷入迷茫，不知道自己到底经历了什么："这个故事带来的感受是如此强烈和特别，让我产生了一种似曾相识的感觉，以至于我不知道它到底是真实发生过的事情，还是仅仅是幻想。

① LAPLANCHE J., PONTALIS J. -B., 1967, *Vocabulaire de la psychanalyse*, *op. cit.*, p. 23.
② GANNAGÉ M., *op. cit.*, p. 74.

但无论如何，没有人会相信我说的话。”当现实和幻想被混为一谈，而孩子又深陷孤独之中，他会渐渐出现说谎、行为失常或者全能幻想等问题。而这种幼年时期出现的病态心理很有可能会在孩子进入青春期之后愈演愈烈。

我们不能简单地说战争对孩子产生了影响，而是应该意识到不同类型的战争造成了他身处的情感环境的变化，这才是让孩子改变的原因。他们会因此变得脆弱或者更加坚强。当战争摧毁了整个社会，孩子们失去了自己的亲人，又被视作无用的人而得不到相关福利机构的照料，他们实现复原的可能性就会变得微乎其微。相反，如果战争令人与人之间的情感变得更为紧密，所有人团结起来一致对外，父母成了保家卫国的英雄，同时孩子在这个环境下能够充分表达自己的想法和感受，那么他就非常有可能获得复原力。

这种情况下，战争和仇恨一样并非完全是坏事：它使人们团结起来反对侵略者，同时对不同的人加以区分，让那些拥有相同信仰的人聚集在一起得到保护。周围人的反应让孩子渐渐学会分辨敌我和是非，同时明白造成不幸的根源究竟是什么。战争让人们产生了清晰的认识，由此形成的坚定信念和行为从某种意义上说助力了社会的发展①。这也解释了为什么那么多人喜欢战争。

性侵伤害的严重程度由当事人之间的关系决定

如果性侵是由孩子想要发展依恋关系或者对他来说非常重要的人实施的，那么如何对其定性就变得困难起来。

如果性侵者是敌人，仇恨的情绪会让受害者受到保护。然而，一旦

① GIRARD R.，1980，*Des choses cachées depuis la fondation du monde*，Grasset.

遭受性侵的女性发现自己怀孕了，她就会陷入茫然，不知道自己该用什么样的心情来面对。受害者会因此变得困惑和无助。值得注意的是，如今在战争中，实施强奸最多的是那些看重贞洁观念的士兵。他们不择手段地蹂躏敌方的妇女，迫使她们怀上自己的孩子，然后在养育孩子的过程中备受折磨。因为这些女性会怀着矛盾的心情，对自己的孩子既恨又爱。

大多数情况下，强奸行为的发生并非基于某种特定的目的。施暴者往往是受害者身边的人，令人惊讶的是，他们意识不到自己的行为会给受害人带来怎样的感受。这些人理所当然地实施强奸，然后转身离开，并不会产生强烈的犯罪感。事实上，感觉是一种由内心的想法所引起的情绪感受，明确了这一点以后，我们不禁感到疑惑：为什么实施强奸的人或者和女儿乱伦的父亲不会受到伦理的制约，未曾在内心深处因为自己的行为而感到愧疚？是因为他们不具备这样的能力吗？还是因为他们的心智发展不足以明辨是非？又或者是所处的环境对相关行为没有明确禁止？

上述三种情况可能会同时存在，但最后一种往往是最容易被发现的。

安德烈·纪德（André Gide）曾在1912年作为陪审团成员参与过五起涉及伦理道德案件的审判（当时的法律并没有禁止对案件细节的披露①）。第一起案件涉及对一名七岁左右的小女孩的性侵，“不存在加重罪行的情节”。根据安德烈·纪德的描述，“孩子的母亲看上去像个老鸨”，受害的小女孩“迈向法庭的步伐非常坚定”，甚至当庭长因为听不见她说的话而要求其站到一把椅子上时还哈哈大笑起来。被告提出小女孩在发生性行为的过程中没有大声喊叫，表明受害者对此并不反对。审

---

① GRUEL L., 1991, *Pardons et châtiments*, Nathan, p. 64-66.

判过程逐渐向着有利被告的方向发展，他对自己的行为供认不讳，面露愧疚，像是遭到了重创。最终，法院宣布被告无罪释放。一些陪审团的成员过后甚至还抱怨自己参与审判的不过是“每天都在发生的小事”。

对于这个案件，审判员并没有进行深入的研判，而是止步于他们所看到的表象。比起前者，后者容易得多，只需利用社会环境中的刻板印象，就能够对一些无法承受的现实予以否认。最近，意大利在一起性侵案件中判定性侵者无罪，理由是被侵犯的女性当时身着牛仔裤，在这种情况下只要她存在反抗的意愿，就不可能被性侵。类似的例子还有很多：一位告发学生父亲存在乱伦行为的教师会因为周围人坚定地相信这位父亲“相当善良”而不得不放弃；当遭到强奸的小男孩告诉别人这件事时，通常不会有人相信，甚至还会对他进行嘲讽①。

不难想象，在前文提到的案件中，法院的判决结果令受到伤害的小女孩很难再获得实现复原的机会，但对她进行侵犯的人却因此得到保护。只需要假装成一个本性善良的人，承认错误并悔过自新，他就能被无罪释放。

当社会文化没有明令禁止某些行为时，一些人也许就会趁机钻空子。接连受到性侵和不公正审判打击的受害者则很难让自己从创伤中恢复过来，而他们尚存的复原可能性在受到外部环境的打压之后，会令其走向另一个极端。受害者渐渐发展出分裂的人格，原本谨小慎微的孩子可能会摇身一变成为抢劫犯，等他长大以后，过去的痛苦经历会促使他实施报复。受害者会因此反过来成为施暴者，做出反社会的行为甚至成为政治或宗教极端分子。

针对儿童的性侵案件通常没有目击证人。因此，将此类事件公之于

---

① BENEDECK E., 1985, «Children and Psychic Trauma», *in*: ETH S., PYNOOS R., *PTSD in Children*, American Psychiatric Press, Washington DC.

众等于是给了侵害者掩饰罪行的机会。那些所谓的证人提供的证词大多是关于性侵事件的看法，而并非实际情况，因为他们并不知道当时发生了什么。这也是为什么相关信息很难被获取且存在较大差异的原因①。

研究发现约有 20% 的女性和 10% 的男性②在十八岁之前遭受过性侵，尽管不同的研究方法可能导致获得的数据结果不尽相同。此外，比起其他同龄人，有些孩子更容易遭受侵害，比如小女孩遭遇性侵的可能性是其他人的两倍，而最有可能受到伤害的是那些生活在“传统”家庭中的孩子。

性侵造成的伤害也因人而异。持续的暴力性侵行为会让受害者感到受尽屈辱，所以造成的后遗症也最为严重。然而，家庭环境也是不可忽略的因素。在沟通不畅、父母角色混乱的传统家庭中，受到伤害的孩子实现复原的可能性最低。持续的性侵行为导致了性创伤，而在这个过程中，受害人与侵害者及监护人之间的关系发展决定了创伤的性质。

针对女童的性侵事件约 70% 都是熟人所为，而性侵男童的大多是陌生人。因此，受到伤害的男孩通常会进行反抗，他们要么试图离开，要么对性侵者怀恨在心，这是他们自我保护的方式，类似于在战争中对敌我进行明确划分。然而，被性侵的女孩却很难通过这样的方式自我防御，因为在很多情况下，对她们实施性侵的是自己的依恋对象或者父母的亲朋好友，这会让她们感到为难：“如果我告诉妈妈她的哥哥对我做了什么事，她会受不了的。”

另一方面，如果遭遇性侵的女孩觉得自己不必替性侵者保密，她们

---

① WRIGHT J., LUSSIER Y., SABOURIN S., PERRON A., 1999, « L'abus sexuel à l'endroit des enfants », *in*: HABIMANA E., ETHIER L. S., PETOT D., TOUSIGNANT M., *Psychopathologie de l'enfant et de l'adolescent*, *op. cit.*, p. 616.

② FINKELHOR D., 1994, « Current Information on the Scope and Nature of Child Sexual Abuse», *The Future of Children*, 4 (2), p. 31.

就会选择将事情和盘托出。据官方统计，90%的性侵控告对象为男性，仅有10%针对女性。每三个女孩中就有一个会告发性侵她的男性；而当男孩遭遇女性的强奸时，只有不到十分之一的人选择起诉。鉴于“目前女性性侵者的数量被严重低估①”，而且受到伤害的男孩通常对此闭口不谈，这些孩子会因为无法表达而阻碍自身复原力的发展。

遭遇性侵后受害者能否实现复原，
这在很大程度上取决于周围人的情绪反应

有时候，孩子尝试讲述遭遇到的性侵经历，但父母会因为缺乏了解而表现得漠不关心。这让我想起了那个十二岁就在工厂打工的小男孩。每天，他都会被工厂里的女工拖去更衣室或者洗手间实施性侵。有一天，他实在被一名女工的暴力行为吓坏了，便忍不住把自己的遭遇告诉了父母。没想到他们听完以后只是哈哈大笑道：“你在说什么呢，别浪费我们的时间了！”父母的反应令小男孩无言以对。试想一下，如果遭遇这一切的是一名十二岁的小女孩，那周围大人们的反应则会截然不同。

稳定的家庭环境和明确的角色分工令父母和孩子建立起牢固的情感联结，这才是在孩子受到侵犯时进行保护并帮助其恢复的力量。贫困、失业和社会衰败是造成暴力事件的直接原因，但并不一定会导致性侵事件的发生。在一些贫穷、暴力事件多发且社会化程度较低的少数民族聚集地区，很少发生针对儿童的性侵事件②。

---

① WRIGHT J., LUSSIER Y., SABOURIN S., PERRON A., 1999, «L'abus sexuel à l'endroit des enfants», *in*: HABIMANA E., ETHIER L. S., PETOT D., TOUSIGNANT M., *Psychopathologie de l'enfant et de l'adolescent*, *op. cit.*, p. 620.

② FINKELHOR D., 1994, «Current Information on the Scope and Nature of Child Sexual Abuse», *The Future of Children*, *op. cit.*, p. 31.

因此，孩子能否获得复原力取决于伤害的性质和自身的想法，但最重要的是周围人如何对待他。67%的受性侵儿童的母亲会出现创伤综合征，其中60%会因此陷入长期的抑郁，而这些孩子在受到伤害之后得以恢复的可能性最低①。事实上，孩子从家庭中得到的情绪反馈是决定其能否获得复原力并摆脱痛苦的关键因素。当家庭成员因为性侵事件也陷入崩溃时，他们无法帮助受害者恢复；如果他们思想古板又保守，则会反过来教训受害者，从而扼制其复原的可能性。而那些没有因为侵害而留下后遗症的孩子通常得益于周围人给予的情感和言语上的支持，这是他能够从伤痛中走出来的力量②。

令人意外的是，性侵发生以后，受害者仅仅是通过向他人讲述自己的遭遇就能够得到一定的安慰，因为倾听者的注视会帮助他抚平内心的伤痛。然而，如果对方在这个过程中表现出厌恶、痛苦或者怀疑，性侵带来的伤害就很有可能会转变成创伤。相反，如果受害者得到倾听对象的理解，即使没有明确的表达，也会感到自己被对方支持："我尊重你并爱护你，想要了解在你身上发生的事情。"

玛丽娜小时候因为脑病留下了一些后遗症。她从来没有上过学，最后不得不被人送去福利院生活。在那里，玛丽娜变得越发沉默，对什么事情都提不起兴趣。每次福利院组织去山里徒步时，她总是落在自己所在的残疾人队伍的最后。有一天，一个年轻人趁机抓住了落单的玛丽娜，想要对她实施强奸。玛丽娜奋力反抗，与对方扭打在一起，虽然被

① WRIGHT J., SABOURIN S., LUSSIER Y., CYR M., THÉRRAULT C., PERRON A., LEBEAU T., 1996, «Recent Developments in the Evaluation and Treatment of Child Sexual Abuse in Quebec», *Symposium of Child Sexual Abuse*, XXVIe Congrès international de psychologie, Montréal, Québec.

② VALENTINE L. N., FEINAUER L. L., 1993, «Resilience Factors Associated with Female Survivors of Childhood Sexual Abuse», *The American Journal of Family Therapy*, vol. 21, no 3, p. 216-224.

山上的石头和草木划伤，但最终成功脱险。她一路小跑着追赶上了队伍，向福利院的人讲述自己的遭遇。那是玛丽娜第一次对着其他人滔滔不绝，她事无巨细地描述自己如何被攻击，如何受伤又如何脱险。整个过程中，她感受到福利院工作人员向自己投来敬佩的目光，而同伴们俨然已经把她视作英雄。这让玛丽娜获得了莫大的满足感。在此之后，只要有人愿意听，她就会不厌其烦地把这个故事再讲一遍。如果说经过此次事件之后，玛丽娜完全变了一个人，那都要感谢那些认真倾听她的故事并表达敬意的人。他们没有阻止玛丽娜进行表达，也没有因此羞辱她，更没有像安德烈·纪德笔下的那些性侵案的审判员那么冷漠，对她说出“既然你没有大声叫喊，那就代表同意”这样的话。

然而事实上，受伤的孩子更容易在家庭之外的地方找到促进复原力发展的力量，因为他们身边的人通常也会受到性侵事件的影响，无法像一个置身事外的旁观者那样提供帮助。

那些遭遇性侵的女孩长大以后纷纷表示，别人的同情并不会令自己脱离痛苦的深渊，真正让她们感到安慰的是发现自己在遭遇不幸后仍然能够被旁人所信任和依赖。因此，让这些受伤的女孩重新建立自尊最有效的方法，就是向她们寻求帮助。

不同于人们所想的那样，婚姻也让这些女孩重新感受到自我的价值，因为从此以后有一个男人会在家里守候并依赖自己。对于她们中的一些人来说，宗教提供了一条明智的道路、结识朋友的机会和分享自身经历的途径。这并不是说遭遇侵犯的经历被忘却，而是宗教经历让她们明白，自己的人格不能被简化为创伤而一笔带过，比如：“她被父亲强奸了四年。”如果悲剧决定了孩子的命运，他就不可能获得复原力。但是，倘若周围的人允许孩子人格中健康的部分表现出来并恢复发展，那么创伤就会减轻。随着视野的逐渐开阔，创伤就会成为孩子记忆中的一个黑点，然后变成承诺的动力，进而转变为一种生存哲学。

于是，对悲剧的叙述就成了一个加重或平息打击的因素，这取决于受害者周围人的反应。当法官谴责受害者，听众对其进行嘲讽或怀疑，亲人就此崩溃或进行道德审判，复原力的发展就会受到阻碍。但是，如果受伤害的一方能够分享他们的世界，甚至将其转化为具体的行动、认知或艺术作品，那么受创伤的儿童就会成为康复的成年人。

其他孩子的反应也在这个过程中发挥着作用，因为他们传递着成年人的价值观。许多被父亲强奸的女孩直到有一天在学校听到“乱伦”这个词时，才明白自己经历的是什么。在此之前，她们很困惑，甚至不知道如何为发生在自己身上的事情命名，因为她们周围的家庭结构和父母角色都很混乱。谁是谁？谁做什么？在混淆不清的情况下，不可能有答案。

即使复原的可能性始终存在，我们也需要去发掘，并确保社会言论不会令它熄灭或将其引向错误的方向。

性侵发生之后，如果受害女孩感到家人比自己更受打击，她会强迫自己振作，但也会因此付出更大的代价。为了不让周围的人痛苦，她只能对性侵事件闭口不提，但同时又无法做到真正的遗忘或者从创伤中恢复。为此，她需要一种应对的方法，既可以让家人感到安慰，又不至于令自己过分痛苦。于是，她决定成为一名好学生。这种方式虽然有效，但如果当事人在这个过程中丧失了生活的乐趣，就会付出沉重的代价。为了取得优异的成绩，小女孩会封闭自己、埋头学习，陷入与世隔绝的状态。看起来她好像得到了恢复，家人也能聊以慰藉。然而几年以后，她也许会在某个瞬间突然崩溃，令所有人都措手不及①。这种自我保护的方式并不能带来复原力，因为孩子无法重新找到自己的价值，也不具

① RUTTER M., 1990, «Psychosocial Resilience and Protective Mechanisms», *in*: ROLF I., MASTEN A. S., CICCHETTI D., NUECHTERLEIN K. H., WEINTRAUB S., *Risk and Protective Factors in the Development of Psychopathology*, Cambridge University Press, p. 185.

备体验和分享快乐的能力。她只能通过努力学习来成为一名好学生，却在这个过程中变得越来越孤独。

面对同样的情况，男孩也可能采取上述方式来减轻自己和家人的痛苦。但更多的时候，他会选择另外一种更简单易行的方法：用一些不得体的夸张行为或动作来发泄情绪。周围的人也许会对此表现出厌恶，但孩子却有可能通过这样的方式获得复原力。面对这些过激行为，有些人试图去理解并做出积极的回应，而有些人会加以嘲笑或者粗暴制止，这些不同的反应必然会对孩子产生不同的影响。一些孩子因为遭遇性侵而出现暴露癖的症状，但倘若周围的人对他们只有厌恶和嫌弃，认为“这些孩子已经彻底没救了，需要好好教训和惩罚”，他们的生活从此以后便只剩下绝望。

复仇的想法也不会带来复原力，甚至有可能让受害者成为加害者。据统计，遭遇性侵的孩子中，有 10% 的男性和 3% 的女性在日后成了对别人实施性侵的人①。他们的成长环境非常复杂，几乎都曾遭受过长期的虐待。这些孩子也曾鼓足勇气说出自己不堪回首的经历，但因为没有人关心和在意，他们无法找到情感的慰藉。于是，他们选择愤怒，同时伺机寻求报复，这是保护自己唯一的方式，也成了这些孩子人生的主旋律。

创伤事件发生后，如果受害者就此认命，他能够在一定程度上得到恢复，但同时也会走入另一个极端。曾经的伤害被认为是此后发生的一切问题的原因，受害者会把日后遭遇的所有挫折与自己的创伤联系起来，并找出其中的因果关系。这么做的好处是令当事人对自己的生活产生了清晰的认识，但同时也会改变他对于其他事件的记忆，从而掩盖造

① GIL E., JOHNSON T., 1994, *Sexualized Children: Assessment and Treatment of Sexualized Children and Children who Molest*, Rockville Md, Launch Press.

成问题的真正原因。这种被篡改的记忆“能够起到保护作用，防止其他痛苦的回忆以及早期感受到的自恋伤害再次出现①”。然而当受害者将全部的注意力都放在了创伤事件上，他会因此忽略其他问题。

六岁的米歇尔在和叔叔玩耍的过程中被对方触碰了私密部位。“从那天起，我变得非常焦虑。”此后，每当米歇尔遭遇挫折，无论是在学业、交友、婚恋甚至是性生活方面出现问题，他都会觉得是曾经被性侵的经历所造成的。直到有一天，在和父母交谈的过程中，米歇尔得知自己在四个月大的时候曾因为严重饮食失调导致的脱水而被迫住院治疗四个月。当时，父亲在外出差，母亲因意外住院，小米歇尔一个人在医院里，感受不到任何关爱。这种情感剥夺带来的伤害就此印刻在身体的记忆中，导致他在长大以后对生活中出现的任何意外都表现得十分敏感②。性侵事件发生之后，对它的过分关注令米歇尔忽略了自己在出生头几个月里其实就因为情感缺失而变得脆弱。而这种创伤之所以没有表现出来，是由于这个阶段的孩子并不记得具体发生了什么，但事件造成的影响始终在他的身上留下痕迹。等到六岁时，性侵事件成了导火索，作为米歇尔一切不幸的源头，它呈现的其实是曾经被埋葬在记忆深处的创伤。

下面这位七旬老人的故事也说明了这个问题。他看上去温文尔雅、知识渊博，一直由他的妻子和两个孩子照料，没有上过一天班。家人解释说：“他不愿意出去工作，也许是因为从小就失去了父母。于是我们让他留在家里，空余时间就待在房间里看书。”事实上，这位老人的父母分别在他 22 岁和 24 岁的时候才去世，但他从小就觉得自己是个没有父母的孤儿。于是，他令身边所有人包括他本人都相信自己一直以来都

① DAYAN M.（dir.），1995，*Trauma et devenir psychique*，PUF，p.108.

② FREDEN L.，1982，*Aspects psycho-sociaux de la dépression*，Bruxelles，Pïerre Mardaga.

举目无亲，或者说相信从小失去父母的遭遇给他带来的负面影响。

上述两个案例的共同点在于，两位主人公在还没有学会说话之前就经历了特定的伤害事件，由此产生的负面影响虽然在当下并没有完全体现，却都在一定程度上令他们变得脆弱。当事人在那个年纪还不具备描述自己遭遇的能力，但事件造成的创伤却就此留存在身体的记忆中，对思想和观念产生影响，让他们觉得自己“似乎”遭受过性侵或者“好像”是一个孤儿。这些人对一些事物变得极其敏感，因而与其他人相比更容易发现它们并与其产生联系。

睡梦会与记忆交织在一起支配行为，
而白日梦让我们重新掌握主动权

做梦在一定程度上可以帮助缓解受到的创伤。当它遭到遏制，创伤就无法被接纳和消化，如同异物一般嵌入在记忆中。

这一观点在很早之前就曾被提出。1934 年，桑多尔・费伦齐用“精神震荡”来形容创伤最初的表现，认为这是打击、缺失或者突如其来的变化对当事人造成的一种震荡①。然而，在这个阶段，创伤其实还没有形成，当事人对这种震荡的看法会令他第二次受到伤害，这时创伤才会真正发生。为了减轻伤害，受害者需要进行倾诉，这样才能接受在自己身上所发生的不幸，令其就此留在记忆中。而做梦正是把倾诉的内容内化为记忆的过程，因而能够为复原力的获得创造条件。如果受到创伤的孩子不被允许进行表达，得不到安慰甚至被斥责、质疑或者嘲讽，他会因此变得“一言不发，死气沉沉②”，进而出现人格分裂：一部分的自己

---

① FERENCZI S., 1934, «Réflexions sur le traumatisme», *in*: S. FERENCZI, *Psychanalyse*, Payot, tome 4, p. 139.

② *Ibid.*, p. 141.

为了迎合别人不得不受到压抑，而另一部分却完全不受控制。这不为人所知的另一面埋藏在他的内心深处，每到夜深人静之时就会浮现出来，并在梦境中唤醒曾经那些被压抑的伤痛。

当米蕾耶感到自己即将与朋友保罗转变为恋人关系时，她决定向其坦白自己和父亲之间的秘密。那时，米蕾耶还在医学院上学。在她鼓起勇气说出埋藏在心底的秘密后，这个自己深爱的男人却只说了一句："你一定是在做梦。"米蕾耶不知道该怎么做。如果要让保罗相信自己的话，她就必须回忆起那些可怕的经历，并再一次受到折磨。想要得到对方无条件的支持，米蕾耶必须尽力去说服，为自己辩解，证明自己没有弄错或者说谎。但是，为什么要这么做呢？那一刻，米蕾耶感到好像有什么东西在自己的内心深处如冰块般凝结起来。"我将永远无法和他谈论这件事，不能和他共同面对曾经的伤痛，我也就此失去了从中解脱的机会。"然而，米蕾耶也无法做到放弃保罗，因为他已经成了自己生命中最重要的人。可和他在一起的米蕾耶永远也不可能拥有完整的自我，因为在她的内心深处，始终存在着一个阴暗的角落，堆放着她无以言说的痛苦。如果米蕾耶能够在保罗面前毫无保留地进行自我表达，她的情感状态就会改变，感到自己被接纳。而现实是她被迫变得分裂：白天的米蕾耶看上去一切正常，活泼又开朗；但到了夜里，内心不为别人所知的阴暗面会将她笼罩，无意识里的痛苦也会在梦中重现。然而，无论当事人清醒与否，所做的梦都反映着他对发生在自己身上的事情的看法和认知。保罗选择不相信米蕾耶的故事，是因为无法承受这件事。他这么做是为了保护自己，却让对方被迫将创伤深埋在心底缄口不提。在与保罗交往的日子里，米蕾耶每天都会梦到自己曾经受到的伤害。如果她能说出来，就能够恢复内心的宁静，也不用再忍受印刻在记忆中的噩梦所带来的痛苦和焦虑。

从生物学角度分析，梦境和现实联系密切。通过增加快速眼动睡眠，一些真实发生的事件会在大脑的“记忆存储”中得到强化，因为脑电活动增加了突触之间的连接。这个睡眠阶段是梦境最为活跃的时候，尤其是当白天的生活出现问题时，快速眼动睡眠会显著增加①。如果一个人出现情绪麻木，那么相应地，他在睡眠中做的梦也会减少。而如果他在白天受到某些事情的干扰，到了晚上，快速眼动睡眠会增加，帮助将白天的经历内化为记忆。因此，梦境会反映出人在现实中的遭遇和感受。

遭遇打击的孩子如果在早年间已经具备了相对稳定和健康的人格，并且能够获得周围人的支持和理解，那么即便受到了伤害，他在睡梦中仍然能够感受到平静②。他具备了实现复原的条件，因而遭受的打击并不会形成创伤。

反之，如果孩子的情绪很容易波动，而且在伤害事件发生后无法得到安慰，也找不到倾诉的对象，那么大脑就会自动将他在现实生活中感受到的痛苦转移到梦境中去③。这也就是为什么那些具备复原力的受害者很少会梦到自己曾经遭遇的伤害，而受到严重创伤的孩子几乎每晚都被迫在梦境中重温那些痛苦的记忆。通常，后者需要好几年才能慢慢摆脱这些噩梦④，但有时候，如果情绪出现波动，他们甚至会在多年以后再一次被曾经的梦魇折磨。

当复原的过程在语言、情感和大脑层面都无法进行时，受害者会一直深陷曾经的痛苦，无法自拔。“……创伤性神经官能症患者会反复地梦到曾经对他造成伤害的事情，在醒来以后又陷入梦境带来的新的恐

---

① LAVIE P. , 1998, *Le Monde du sommeil*, Odile Jacob, p. 164.

② *Ibid.* , p. 104.

③ HARTMANN E. , 1998, *Dreams and Nightmares*, New York, Plenum Press, p. 7.

④ METRAUX J. - C. , 1999, « Au temps du silence la nosographie reste muette », *in*: MAQUEDA F. , *Traumatismes de guerre*, Hommes et perspectives.

惧……由此可见创伤对他造成的严重影响[1]。”但是，如果患者能够获得发展复原力的条件，创伤造成的负面影响就会减轻。

1942年，德国士兵闯入斯蒂芬位于阿姆斯特丹的家中，对他和父母实施逮捕[2]。那一年，斯蒂芬只有六岁。士兵们是被一位小学老师带来的，在此之前，这个人经常在晚上来找斯蒂芬的父母一起打牌聊天，算是他们的朋友。在进行抓捕的过程中，这位“朋友”静静地站在一边，面无表情地看着屋子里发生的一切。周围的邻居都被这突如其来的逮捕吓了一跳，就在他们面面相觑之时，一个穿着睡衣的男人突然从人群中跑出来叫住斯蒂芬，然后向士兵们解释这是自己的小表弟，进而成功地从他们手中救下了孩子。第二天，这位好心的邻居把斯蒂芬带去了乡下，为他找了一个更加隐蔽的藏身之处。然而，斯蒂芬很快就厌倦了这里的生活，忍不住跑了出去，但与此同时，他感到一种无形的危险正在威胁着自己。斯蒂芬知道事态严重，但为了不让自己深陷绝望，他选择不去思考。这种漠然的表现其实是对内心痛苦的一种麻痹。通常来说，当人们对痛苦表现得无动于衷时，并不是因为它不存在了，而是当事人选择不去感受。正当斯蒂芬漫无目的地走在大街上，不带任何情绪地回想着父母被捕一事时，突然迎面撞上了那个告发他们全家的老师。四目相对之时，两个人都露出不可置信的表情。他们互相看了很久，然后一言不发地走开。当天晚上，斯蒂芬就开始做噩梦，并且就此陷入持续的梦魇。这件事对他造成了严重的影响，而且不同于上一次被捕事件，这一次斯蒂芬无法再保持冷静。那一晚，当父母被德国士兵抓走时，他虽然也很痛苦，但内心还十分坚强，而且好心的邻居也在事后对他进行安慰并解释了发生的一切，令他明白这件事意味着什么。因此，斯蒂芬才

---

① FREUD S., 1920, «Au-delà du principe de plaisir», *in: Essais de psychanalyse*, 1951, Payot.
② LAVIE P., *op. cit.*

会采取后续一系列的行动：逃跑、藏身、保持沉默以躲避敌人。这么做令他从恐惧和不安中逐渐恢复过来。然而和告密者的重逢让一切都变得失控。斯蒂芬担心对方会再一次告发自己，同时这也让他产生了强烈的负罪感。事实上，在父母被捕之后，他已经出现了类似的感受。但这一次，斯蒂芬确定自己犯下了大错。他不顾警告跑出去，被敌人发现，导致的后果不仅是自己陷入危险，也把救了他的好心邻居拖下了水。

不过，那个老师并没有告发他，邻居也没有因此受到牵连。但此后的几个月里，斯蒂芬每晚都在重复做着同一个噩梦：自己被关在一个透明的房间里，玻璃外面是他的父母和邻居，他们正在遭受敌人的殴打和折磨。斯蒂芬想要大声地喊叫，试图跑出去帮助他的亲人和朋友，但自己被困在这个房间里怎么也脱不了身。真空的环境让他发不出任何声音，而周围的压力又令他步履维艰。

周围的人不断提醒斯蒂芬："千万不要告诉别人你的名字，否则你会死的，而且也会害死那些救了你的人。"于是，他只能一言不发。这么做虽然是出于保护的目的，但同时也把他困在了梦境中出现的那个玻璃房间内。在那里面，斯蒂芬能够看见和明白外面发生的一切，却什么也不能说、什么也不能做。他的噩梦实际上是对现实生活状况的反映。父母被捕之后，斯蒂芬一度实现了复原，但当他再度见到那个告密的老师之后，复原力就此消失。他被迫沉默，被禁止采取任何行动。有时候，斯蒂芬甚至觉得原本对他施以援手的好心邻居现在也会认为自己是个累赘。于是，他出现了严重的睡眠问题，白天昏昏沉沉，整个人变得非常暴躁，一有机会就攻击身边的人。

后来，斯蒂芬被送去了一家不知名的福利机构。为了适应新环境，他努力让自己在各方面都表现得完美无缺，变成了一个和蔼可亲、品学兼优、助人为乐、认真努力的好孩子。虽然到了晚上，斯蒂芬还是会受到噩梦的困扰，但渐渐地，他所采取的这种以扭曲自己人格为代价的自我防御方式在一定程度上缓解了创伤造成的影响。噩梦发生的次数开始减少，这让他对自己的适应力产生了信心。于是，一切慢慢回到正常的轨道上，而斯蒂芬也得以重建自尊。他完成了学业，找到了另一半，就这么幸福地生活了五十年。支撑其发展的是性格中得以被矫正的那一部分，也就是他强迫自己做出改变以适应环境的那一部分。直到有一天，斯蒂芬获得了一个前往巴黎晋升发展的机会，与此同时，妻子也得到了提拔，但工作地点在安特卫普。面对事业和情感，斯蒂芬不知道该如何做出选择，这令他陷入焦虑之中，童年那个可怕的噩梦又再次出现了。事实上，五十年来，斯蒂芬一直在否认发生在自己身上的不幸，这令他受到保护，但也因此无法直面问题并彻底解决。“比起否定，这种行为更像是在拒绝现实世界所带来的一切痛苦①。”否认的做法令当事人具备了极强的适应能力，并且帮助他避免陷入冲突，因为所有痛苦的经历都不被承认：“我努力工作，与包括妻子、孩子和同事在内的所有人都建立了良好的关系。这些都成了我内心坚强和情绪稳定的证明。于是，我能够告诉自己，过去发生的事情也没有什么大不了的。”这种自我保护的方式并不是在对过去进行压制，因为在这个过程中，当事人没有忘记曾经发生过的事情。这样做虽然有效，却并不稳妥，仿佛一架飞机只依靠一个发动机在完成飞行。也许一个一直以来都表现得非常坚强的人会在某个瞬间突然崩溃，原因可能就在于隐藏在他内心深处不被承认的那一部分，因为突如其来的某件事而被彻底激发。

有意识的否认能够促进睡眠，而创伤的影响却会造成噩梦重现

事实证明，如果受害者在白天能够避免回忆起痛苦的经历，创伤造

① IONESCU S., JACQUET M. -M., LHOTE C., *Les Mécanismes de défense. Théorie et clinique*, *op. cit.*, p. 167.

成的影响也会相应减轻。同样遭遇过创伤，那些具备复原能力的人在夜里做的梦要少得多，有时他们的表现甚至优于一般人群，因为后者在日常生活中也不可避免会遭遇挫折①。然而，否认的做法并不能消除创伤留在身体记忆中的印记，这只是一种逃避痛苦现实的方式。但它带来的好处显而易见，受害者因此避免了让自己沉浸在痛苦中胡思乱想，夜里出现噩梦的概率也会大大降低。这种做法的另外一个好处是能够令当事人获得良好的人际关系，但与此同时，他也需要为此付出代价。“正因为我经历过死亡，所以我不想让身边的人也承受这种痛苦。我希望他们幸福快乐，能够一直爱我……②”一位曾经加入凡尔高游击队的护士如是说。她后来被德军关押到拉文斯布吕克集中营，凭借着惊人的毅力熬过了那些暗无天日的日子。她对周围的人非常好，总是担心自己会给他们造成麻烦，甚至会说：“我不想因为这些事情让替我治疗的心理医生感到烦恼③。”如今，这位护士已经变成了一位杰出的精神分析师。看起来，她所采取的否认痛苦的方式卓有成效。然而，这种自我保护虽然能够带来许多直接的好处，却也就此埋下了一颗定时炸弹。“受害者和家人也许会心照不宣地达成一致，对伤害事件闭口不提，但在他们内心深处都会对此产生一种内疚④……”有一天，当一件在旁人看来无关紧要但对当事人却有着重大意义的事情发生时，他内心深处被掩盖起来的痛苦就会浮现出来，进而引爆炸弹。这正是斯蒂芬所经历的。妻子和自己同时升职令其陷入崩溃的原因在于，这件事触动了他的内心：“如果我接受升职去巴黎工作，那我的妻子就必须为此做出牺牲，这是我不希

---

① DAGAN Y., LAVIE P., BLEICH A., 1991, « Elevated Awakening Thresholds in Sleep Stage 3－4 in War-related Post Traumatic Stress Disorder », *Biological Psychiatry*, no 30, p. 618－622.

② CRÉMIEUX R., SULIVAN P., 1999, *La Traîne-sauvage*, Flammarion, p. 99－100.

③ CRÉMIEUX R., 1999, Témoignage lors de l'émission *Le Cercle de minuit*, 8 juin.

④ CRÉMIEUX R., *op. cit.*, p. 107.

望看到的，它会让我再次产生负罪感。如果妻子无法在事业上取得成功，那都是我造成的。”虽然斯蒂芬在工作上得到了认可，但这间接摧毁了他好不容易实现的复原过程。

也许有人会问：大脑通过何种方式将隐藏在内心深处的痛苦记忆转化为梦境中见到的景象？事实上，梦里出现的并不是造成伤害的事件本身，而是由其造成的影响。如果此时周围人能够给予受害者足够的陪伴和关怀，令其具备抵御这些影响的能力，那么他就不容易梦到与创伤事件相关的内容。相反，如果受害者无法从周围获得足够的力量去抵抗创伤事件的负面影响，那么就会因此深陷梦魇。睡梦中呈现的那些画面会让受害者再一次真切地感受到曾经体会过的痛苦。

想法有时可以通过图像的形式呈现。在日常用语中，我们经常使用的比喻就是通过这种相似性实现的。当我们说“他的想法很灰暗”，并不是真的指想法的颜色是灰色的，但听众都能明白这句话所代表的含义。当我们说“一座大山孕育出了一只小老鼠”，脑海中会呈现出一个相应的画面；而当我们听到“他付出了这么多努力，却收效甚微！”这样的评价时，内心产生的感受会和前面出现的画面不谋而合。梦境中呈现的正是不敢碰触的那些过去①。但通过做梦，人们得以将过去的那些事就此存放进记忆。当受到打击的孩子得到周围人的鼓励，他会油然而生一种自豪感；但倘若他就此被看轻，在梦境中也会感到自己被羞辱。

如果受害者能够通过语言、艺术、行动或者社会活动等方式重新认识自己所经历的创伤，他就不会将其视作耻辱，梦境中也不会出现相应的感受。关于创伤的记忆就此被接受、内化进而淡忘，不再以梦的形式又一次出现。相反，当受害者被迫保持沉默，梦境就成了唯一可以进行

---

① LAKOFF G., 1993, « How Metaphor Structures Dreams », *in*: ORTONY A., (éd.), *Metaphor and Thought*, Cambridge University Press.

宣泄的地方。在梦中，伤害事件不断重复上演，受害者一次又一次体会到曾经的痛苦，以至于他开始对一切伤痛都表现得十分敏感。

然而，想要获得复原力，就必须经历创伤。如果受害者尚未从上一阶段成功过渡到下一阶段，就会出现所谓的“跷跷板”现象：前一天晚上他还在因为创伤而做噩梦，后一天夜里就进入了恢复过程。甚至有时候，这两种截然不同的梦境会在同一个夜晚出现。

分析发现，那些在火灾中侥幸逃生的人经常会梦到自己被困在潮水或者深坑中；而遭遇强奸的妇女则会在梦中发现自己身处一堆肮脏又潮湿的衣服里无法呼吸，或者瘫软在一辆泛着油光的卡车下无法动弹①。出现在梦境里的那些画面并不是创伤事件中真实出现的景象，而是受害者在回忆起那些痛苦经历时所产生的感受。因此，在梦中，当事人在遭遇危险时，通常会有一些奇特的想法。比如梦到自己沉入海底即将溺亡的孩子，在失去知觉前一刻，脑海中会浮现出这样一个念头：“真可惜，今晚的甜点非常好吃”；而梦到自己在飞滑翔翼的过程中突然失去控制的少年则会在坠机前喃喃自语道：“爸爸妈妈又要骂我了。”在梦中，曾经的感受被唤醒②，而梦里发生的故事也在一定程度上反映出过去的经历。梦境中呈现的是当事人对于现实中所发生事情的解读，受到其过往经历和现实情况的影响。在他向别人讲述自己所做的梦时，这一过程会得到强化。孩子在早期阶段受到的影响不仅会确立他的性格特征，也会促进自我的形成，为其日后的发展提供参照。然而，如果孩子在遭遇伤害之后，无法对其进行表达、找不到倾诉对象和方法，或者过去的经历令他对遭遇的不幸事件变得异常敏感，上述过程无法进行，伤害就会演变成创伤。

---

① SAREDI R., BAYLOR G., MEIER B., STRAUCH I., 1997, « Current Concerns and REM-dreams: A Laboratory Study of Dreams Incubation», *Dreaming*, 7, p. 3.

② HARTMANN E., *Dreams and Nightmares*, *op. cit.*, p. 18.

当受害者在“陷入创伤”和“实现复原”之间来回切换，他的记忆和行为尚未进入稳定的状态，上述“跷跷板梦境”就会出现。比如，他会梦到自己突然变得只有一丁点儿大，被周围的一切压得喘不过气。然后，他开始拼命挣扎，深入水底之后慢慢膨胀起来，直至头晕目眩。

在《格列佛游记》的描述中，我们或许可以体会到这种感觉。

作者乔纳森·斯威夫特（Jonathan Swift）出生于18世纪都柏林一个非常贫困的家庭，在还没有来到这个世界时，他就失去了父亲。还是个婴儿的乔纳森曾经被自己的乳母拐去英国，后来又被母亲找回，但在把他抚养至四岁以后母亲不辞而别。由此可见，乔纳森幼年时期的生活环境十分动荡，这些经历令他无法获得安全型的依恋关系，而之后在基尔凯尼学校和三一学院的学习经历加剧了他的情感缺失。正是因为这样，进入青少年时期的乔纳森出现了情感障碍，带着这样的问题，他开始了人生的冒险。出于对婚姻和家庭责任的恐惧，他在讽刺作品《一个让爱尔兰的穷孩子不致成为父母负担的平凡建议》（1729年）中提出，应当将这些孩子做成菜肴端上富人们的餐桌。对亲密关系的极度渴望令乔纳森常常表现得失魂落魄，他一生都因自己“恶臭的想法”而感到痛苦①。

然而，得益于出现在自己生命中的重要女性以及对文学的热爱，乔纳森仍然发展出了复原力。通过文学创作，他得以发挥自己的才能，对政治和宗教进行抨击，从而变得越发坚强。自身的经历使得乔纳森对旁人的痛苦感同身受，激励着他为捍卫儿童的权益而奋斗了终生。同时，他也是很多倡议的先行者，比如提出男女教育机会平等、主张宗教宽容，并为了维护爱尔兰人民的利益和英语语言的优美纯洁而积极发声。

---

① HERSOU L.，1992，«Stress et développement de l'identité et de la parentalité：problèmes soulevés par la clinique et la recherche»，*in*：ANTHONY E. J.，CHILAND C.，*L'Enfant dans sa famille. Le Développement en péril*，PUF，p. 35.

乔纳森性格中实现复原的这一部分令他得到认可、获得荣誉并承担起责任与使命，这与其不为人所知的悲惨过去形成了鲜明对比。

这种分裂也许源自他在成长过程中所经历的持续的情感缺失。他尊敬爱尔兰人民、热爱文学、信奉上帝，也喜欢女人，但唯独无法成为一名父亲去爱自己的孩子。也许是担心不能给这个孩子足够的爱，会让他像曾经的自己那样不幸福？

对于那些通过自我分裂来适应痛苦的人来说，这种感觉会影响他们的精神世界，并在梦境中以一种典型的情景表现出来。梦中，他们被困在一个密闭的空间里，有时是一个盒子，有时是一间四面都是光秃秃墙壁的房间。突然，一个球滚了过来，在行进的过程中不断变大，与此同时这些人自己在缩小。当球即将压到他们的那一瞬间，它突然开始变小，而当事人开始变大。他们因此感到放松，进而变得兴奋，最后陷入晕眩。

幻想在变成文明的过程中能够发挥修复创造力的作用

在作品《格列佛游记》（1726 年）中，乔纳森通过文学创作表达了自己对世界的看法和对他人的关切。事实上，他的故事正是运用比喻的方式描绘了前文提到的在梦中出现的这种感觉：当事人无论是处在控制还是被控制的状态都备感焦虑。梦里反复出现的这些场景其实代表了他的成长过程。早年间因为情感缺失而出现自我分裂的乔纳森逐渐形成自己的世界观，到了夜里，这种认知会令他的梦境在两种状态中不停切换。不过，得益于自己的复原力，醒来之后，他可以重新实现对自我的掌控，并将梦境中摇摆不定的感受记录下来变成一个故事。通过这种方式，原本是受害者的他成了一个能够去帮助别人的创作者，而在这个过程中获得的一切又继续激励他不断为造福他人做出努力。由此，乔纳森成功地将自己受到的伤痛转变为了有意义的文学作品。他因情感缺失而破碎的内心世界蜕变成了为世人所创造的美丽、有趣、充满意义的外部世界。这便是创造的作用："……通过语言、艺术、科学或其他形式的加工将幻想变成一种文明①。"

用宗教语言来解释的话，"创造"意味着"从无到有②"，在被创作出来之前，所谓的作品并不存在于这个世界。而面对虚无，我们应该怎么做？有些人也许迷失其中，感到晕眩，直到被死亡的焦虑吞没；有些人则会奋力挣扎，努力填补虚无留下的空白。一开始，虚无的状态会令人感到绝望，然而一旦有作品被创作出来，创作者就会看到希望并受到鼓舞，持续地进行创造，直到生命最后一刻，"我们会在过去的不幸中幸福地死去③"。卡伦·布利克森与萧沆对"复原"有着相同的观点，认为这是一种蜕变的过程，通过语言、行为和生活中出现的事物，将痛苦的过去转化为创作的源泉，以"暂时逃脱死亡的魔掌④"。

对于发育良好的孩子而言，为了激活创造力，他们甚至也需要经历失去。只要母亲出现在身边，就会吸引孩子的注意力，并对其心理活动产生影响。一旦孩子见不到母亲，他的世界就会出现空缺。为了避免痛苦，孩子需要找到一个替代品，去填补现实和精神世界的空白。这个替代品可能是一件衣服、一条围巾或者一个毛绒玩具。在孩子眼中，它成了母亲的象征，带来一种熟悉的感觉。这一心理活动的过程就是一种创造，因为是孩子自己选择了那个代替母亲的对象⑤。不过，在此之前，

---

① LEGENDRE P., 1998, *La 901e Conclusion. Étude sur le théâtre de la Raison*, Fayard, p. 251.

② PICOCHE J., 1995, *Dictionnaire étymologique du français*, Robert, «Les Usuels».

③ BLIXEN K., cité par SAINT-ANGEL, E. DE, 1999, «Un songe en hiver», *Télé Obs*, novembre, p. 3.

④ CIORAN E. M., 1995, *Cioran*, Gallimard, «Quarto», p. 22.

⑤ WINNICOTT D. W., 1951, «Objets transitionnels et phénomènes transitionnels. Une étude de la première possession du "non-moi"», *in: De la pédiatrie à la psychanalyse*, 1969, Payot, p. 109-125.

这个对象需要被感知才能被赋予含义。事实上，所有的婴儿都具备这样的能力，但是要让他们对此加以运用并唤醒创造力，就需要令其体会到缺失的感觉，而不是一味地让他们沉浸在溺爱中。“象征之所以出现，是因为曾经带来满足感的事物消失了[1]。”

这个过程对身处健康成长环境的孩子而言很容易接受，但对那些已经受到伤害的孩子来说就变得有些困难。承认并正视失去，哪怕它代表的是死亡，然后从中体会不复存在的爱，这个过程“孕育了人类文化[2]”。

当失去的痛苦令当事人产生了去弥补的冲动，创造变成一种迫切的需要，让他心甘情愿。我们都有过这样的体验：在告别仪式上集体默哀的一分钟里，与逝者过往相处的点点滴滴又会浮现在我们的脑海中。这证明了想象具有某种特定的魔力，只需要确立一种仪式、采取一种行为，我们就能够让一个已经离开这个世界的人再次回到记忆中。这也就不难理解为什么有关替身或者魔镜的神话故事令人在害怕的同时也会着迷[3]，因为故事中某个形象的出现往往是以死亡作为代价的。为了体会“缺失”，戒断行为显得非常必要，因为只有这样才能彻底远离事物带来的影响。具体感知所带来的快乐是直接而又短暂的，但脑海中的复现所产生的幸福感却会非常持久。当这种幸福感持续存在成为记忆的一部分时，会进一步构建我们的想象。只有戒断被视作失去时，才会带来痛苦。倘若孩子的发展情况良好，那么与依恋对象的分离会被视作一种进步的表现。而要实现这种从“缺失”到“进步”的转变，周围人只需要通过一个动作或者一句简单的话就能唤醒孩子的创造力，让魔法发生。“我的忧愁……被创作的热情所取代。”回忆起自己童年的塞冈蒂尼

---

① HAYNAL A., 1987, *Dépression et créativité. Le Sens du désespoir*, Lyon, Cesura, p. 154.

② *Ibid.*, p. 154.

③ LACAN J., 1949, «Le stade du miroir comme formation de la fonction du “ Je ”, telle qu’elle nous est révélée par l’expérience psychanalytique», *in: Écrits*, 1966, Seuil, p. 93–100.

（Segantini）如是说。成为孤儿以后，他决定通过画画的方式将父母永远定格在自己的记忆中[①]。乔治·佩雷克（Georges Perec）在八岁的时候就开始写作，目的就是为了让已经离开人世的父母回到自己身边，安息在他的字里行间："……缺失就此产生……还有遗忘和空白……他们就此被消除……否认，名字，消失的人[②]……"于是，佩雷克写下了作品《消失》[③]。在这个故事中，消失的其实是元音字母 e，代表"eux"（他们），即佩雷克消失的父母。后来，他又创作了《W 或童年的记忆》[④]，同样也是献给父母的作品。"从今往后，他们就会一直留在这座我为他们建造的坟墓里。我在这里安放父母，并写下他们的故事。这种源自痛苦的创作令我十分感慨，从现在开始，我能够完成哀悼，继续爱他们，而不必再一直等待着他们回来。"

这种情况下，创作是一种需要，也是疗愈痛苦的方式。带着失去的伤痛去创造，会让创作者产生如履薄冰的感觉，因为他的情绪会随着创作过程发生剧烈的波动。更何况，被创作出来的替代品永远都不会像已经失去的东西那样完美无缺，因为后者存在于想象之中。为了减轻痛苦，填补失去造成的内心空缺，孩子会不断去创造一些替代品，并因此获得快乐或者感到失望。于是，痛苦与幸福会同时产生，因熊熊燃烧的"创作之火[⑤]"而得以迸发。如果不是因为父亲的去世，弗洛伊德、乔伊斯（Joyce）、帕斯卡尔（Pascal）、普鲁斯特（Proust）和维克多·雨果（Victor Hugo）也许不会创作出人们熟知的伟大作品；失去妻子也许是令亨利·卢梭（Henri Rousseau）从一名海关官员变成印象

① Cité *in*：HAYNAL A.，*op. cit.*，p. 157.

② BURGELIN C.，1996，*Les Parties de dominos de M. Lefevre. Perec avec Freud. Perec contre Freud*，Circé，p. 192.

③ PEREC G.，1969，*La Disparition*，Denoël/Gallimard.

④ PEREC G.，1975，*W ou le souvenir d'enfance*，Denoël/Gallimard.

⑤ JAMISON K. R.，1994，«Le feu de la création»，*Nervure*，tome VII，janvier，p. 13-16.

派画家的原因；而蒙田（Montaigne）可能也是遭遇了朋友拉博埃蒂（La Boétie）[1] 逝世的打击才成了后来的文学巨匠。此外，还有很多人因为早年间失去父母或者经历分离而激发出澎湃的创作力：巴尔扎克（Balzac）、杰拉尔·德·奈瓦尔（Gérard de Nerval）、兰波（Rimbaud）、左拉、波德莱尔（Baudelaire）、大仲马（Dumas）、司汤达（Stendhal）、莫泊桑（Maupassant）、洛蒂（Loti）、乔治·桑（George Sand）、但丁（Dante）、托尔斯泰（Tolstoï）、伏尔泰（Voltaire）、陀思妥耶夫斯基（Dostoïevski）、吉卜林（Kipling）……类似的名字无法穷尽。有时候，身体的疾病也会激发创作的欲望，尤其是当事人因为疾病而感到脆弱时，就会产生一种反抗和征服的冲动。阿尔弗雷德·阿德勒（Alfred Adler）便是一个很好的例子。童年时期体弱多病、发育不良，这让阿尔弗雷德产生了成为一名医生的想法。从医经验帮助他发展出了自己的理论：所有的弱点都是可以被弥补的，那些无法融入社会的问题儿童如果能被周围的环境所接纳并拥有一个特定的目标[2]，就能发生改变。这一观点也得到了凯瑟琳·休姆（Catherine Hume）的证实。她曾让一些问题青少年陪同先天存在智力缺陷的孩子去攀登喜马拉雅山[3]。这些原本患有性格障碍的青少年在接受挑战、帮助他人的过程中逐渐改变了对自己固有的看法，并与他人建立起了联系。如果不是这个活动，这些际遇如此不同的孩子也许永远也不会相遇。

行动也是一种创造方式，这是与缺失所带来的痛苦进行斗争的过程。当一个孩子因为遗弃、母亲身亡或者失踪而母子分离时，他被迫需要开始创作。然而，这个时候的孩子尚未具备通过语言、图画或者其他

---

① ANZIEU D.，MATHIEU M.，BESDINE M.，1974，*Psychanalyse du génie créateur*，Dunod.

② ADLER A.，1970，*Le Tempérament nerveux. Éléments d'une psychologie individuelle et applications à la psychothérapie*，Payot.

③ HUME C.，1997，*Pas si nuls que ça*！émission France 2，2 octobre.

艺术形式进行创造的能力。不过，从十个月大的时候开始，他就能够通过假装游戏来编造一些场景。等孩子再大一点的时候，他得以将曾经感受到的痛苦用语言进行表达，并寻找母亲的替代者来弥补自己内心的缺失。他会告诉别人："你看起来像我的妈妈。"当有人愿意为他扮演这个角色时，对方所做的一切就会"在他的内心深处重建安全感……帮助他战胜分离……①"。不过，需要注意的是，成为母亲替代者的人并不能越界，否则孩子就会反过来说："你不是我的亲生母亲。"孩子只是在对方的帮助下为自己创造了一个母亲的角色，但这毕竟不是自己真正的母亲。

有时，虽然孩子拥有父母的陪伴，但因为父母本身存在精神障碍，反而会带来不良的影响。与这样的父母相依为命的孩子因而被迫在他们营造的脆弱环境中成长。为了应对由此产生的种种问题，孩子不得不采取"跷跷板策略"，像格列佛一样，要么变得非常弱小，任由外界打击；或者变得坚不可摧，以便承担起照顾父母的责任。这些孩子被迫承受不属于他们这个年纪的重担，于是很多人"选择"创建一个充满创造力的内心世界，当现实压得他们喘不过气时，可以在这个世界里得到片刻的安宁。而这往往是为他们开启通往艺术创作大门的钥匙：拜伦勋爵（Lord Byron）挚爱的父亲患有精神错乱，他为此痛苦不堪。弗吉尼亚·伍尔夫（Virginia Woolf）深受抑郁症困扰，因为她从小就生活在一个忧郁的家庭之中。浪漫主义画派先驱杰利柯（Géricault）家中四代人都患有精神疾病，但也许正因如此，他才展现出了极高的艺术造诣。欧内斯特·海明威（Ernest Hemingway）在一个充满痛苦的家庭中长大，家庭成员之间的关系近乎疯狂。罗伯特·舒曼（Robert Schuman）和凡·高

① MIOLAN C., 1992, «Quand l'enfant abandonnique crée», *Le Journal des psychologues*, mars, no 95, p. 50.

(Van Gogh）与家人感情甚笃，但他们的父亲以及兄弟姐妹都存在不同程度的精神障碍①。这样的家庭关系很容易让孩子产生创作的冲动，因为他的内心缺少平衡感，需要为自己创建一种新的秩序。他也因此承担起了照顾家人的责任，而为了让自己适应，孩子需要创造出新的角色。这也许解释了为什么在作家的家庭中，出现精神问题的人数是普通家庭的三倍②。

不过，孩子为了使自己适应恶劣的环境而激发出的创造力并不会让他就此成为创作者。他的发展取决于家庭外部的世界对其产生的影响，因为家人并不能给他带来任何帮助。如果孩子被自己的家庭封闭起来，或者无法从外界获得力量以进行创作，他会就此和自己的家庭一起沉沦。

规范性的文化无益想象力的发展

不过，过于规范的文化因为受到道德标准的影响会阻碍创造力的发挥。社会舆论有时令这些“非正常的家庭”边缘化。当科学界提出“退化”的概念来解释一些人缺乏道德感的原因时，这个词也被沿用来形容某些存在问题的家庭，而“退化的家庭”被认为应当遭到社会的淘汰。正是因为这样，这些家庭里的孩子无法成为下一个舒曼、凡·高或海明威。

当社会过分重视生产效率和收益，人们就必须“消除想象力”。读诗、做音乐或绘画成了“可耻的浪费时间的事，明显是一种无法适应‘现实’的表现③”。

---

① JAMISON K. R., 1994, «Le feu de la création», *Nervure*, tome VII, janvier, p. 13-16.

② ANDRASEN C., 1994, «Créativité, fonction cognitive et troubles de l'humeur», *Nervure*, *op. cit.*, p. 18.

③ THIERRY P., 2000, «Les temps difficiles. Charles Dickens», *in: Le Télémaque*, *l'amour des enfants*, no 17, mai, p. 105-112.

我认识的一些意大利或波兰移民急于通过工作融入当地社会，当看到自己的孩子在看书时，甚至会变得非常生气。他们会一脚踢开女儿捧在手里帮助她逃避痛苦现实的书籍，或者阴阳怪气地讽刺想要上学的儿子："只有女孩子或者同性恋才会想去参加会考。真正的男子汉的战场在工厂。"

金钱带来了消费。如今，无论是足球比赛、舞蹈表演、戏剧演出还是电影等各类娱乐活动都成为可以购买的商品。为了让所有人都有机会去接受创意文化的熏陶，政府动用公共资金，让生活有困难的人也能够观看演出。然而，这种做法其实无法产生期待的效果，因为休闲娱乐并不能带来创造力。创作的目的是创造一个新的世界来逃离现实中造成痛苦的世界。创造性的文化是社会的黏合剂，为生活带来希望，而被动接受的文化则是打发时间的消遣，解决不了任何问题。如果要让文化为复原力的发展提供条件，我们需要的是文化的创造者，而不是旁观者。我们应该让那些需要帮助的人有机会去付出，让他们参与演出、晚会、辩论或者是庆祝活动。凯瑟琳·休姆带领问题青少年们去喜马拉雅山徒步，在登山的过程中，他们成了事件的参与者。相反，如果将一些流浪儿童组织起来去参观威尼斯，他们全程只是在被动地进行消费，并没有真正地参与。

艺术并非休闲娱乐，它是一种为了对抗缺失引起的痛苦所必须采取的方式，由此产生的自由带来了创作的乐趣。"每一次出现的痛苦都像是一个记号，是创作中的里程碑……就此带来了改变的可能①。"创造性的文化帮助人们实现发展，而被动接受的文化则能够促进理解。也许需要两者兼得才能达到平衡状态？因为过多的创造会造成混乱，而过度

① CHARPAIL N., 1996, «La création comme processus de transformation», *Art et Thérapie*, no 56-57, juin, p. 41.

的理解则会导致精神世界的膨胀。

痛苦能够激发创造力的事实并不意味着心理健康的状态会抑制其发挥①。事实上，所有孩子都具备创造力，这是他们适应环境并令其不断发展的方式。受到伤害的孩子被迫进行创造，但这并不代表所有创造者都必须经历苦难。

那些受到上天眷顾而不曾经历过苦难的孩子也具有丰富的想象力②。从四岁开始，男孩通过绘画所展现的都是主人公凭借自身力量战胜危险的场景，而女孩则更倾向于在她们的作品中表达人与人之间的情感。这些图画体现的正是孩子们曾经出现过的幻想：男孩子向往竞争，而女孩子则渴望建立联系。到了五岁至七岁这个阶段，孩子们通过画笔所表达的幻想渐渐发展成了其他形式，比如体育运动、浪漫主义思想、对美和科学的追求，这些形式更具社会价值。男孩在画作中展现出的带有攻击性的幻想会得到控制，转变为对运动表现和科学知识的追求；而女孩则会对美好的感情充满向往，并且变得越来越爱美。

与之相比，受到伤害的孩子们别无选择，只能通过自己的想象力，设法将痛苦转化为快乐。虽然他们和其他孩子一样在发挥创造力的过程中得到了发展，但从中体会到的快乐并不相同。对于身处正常环境的孩子来说，创造令他们的内心世界变得更加充盈，但倘若自己未能成功，也不会就此气馁，而是设法去寻找其他的创作方式。然而，创造获得的快乐对于那些本就身处痛苦的孩子而言至关重要，就像是救命稻草一般被他们牢牢握在手里。这些孩子不断进行创造，通过这样的方式令自己

① VAILLANT G., 1994, «La créativité chez les hommes et les femmes ordinaires», *in*: «Génie, créativité et troubles de l'humeur», *Nervure*, *op. cit.*, p. 25.

② GAUTHIER Y., 1982, «Étude de la vie fantasmatique d'enfants vulnérables des milieux favorisés», *in*: ANTHONY E. J., CHILAND C., KOUPERNIK C., *L'Enfant vulnérable*, PUF, p. 135.

变得像正常孩子一样，但曾经受到的伤害始终会留在记忆中，影响着他们的个性和发展。

受到伤害的孩子通常会表现得很早熟，这一点在他们早期的绘画作品中就可以初见端倪。在五岁至六岁的阶段，他们就会像十二三岁的孩子那样，用自己尚显稚嫩的笔触去进行表达，从中我们可以窥探到旁人，尤其是孩子所爱的人对其产生的影响①。通过绘画，孩子展现了自己对记忆中那些事情的理解和看法。在这个年纪，由于尚未熟练掌握对时间的表述，他还不能通过自己的绘画作品完整地讲述一个故事，只能简单地将一些图像进行堆砌：比如人、黑色的步枪、分别代表鲜血和树木的红色及绿色涂鸦，但这些已经足以令他宣泄并重新控制自己的情绪。如果一个受到伤害的孩子无法展现或者表达所经历的苦难，他会持续地受到影响。只有将其呈现出来，孩子才能够重新掌握自己的命运。这也就意味着他的复原需要周围环境提供有利条件，比如倾听的对象、展现的舞台或者进行表达的纸和笔。绘画令孩子得以向别人展现自己的内心世界。此后，当他学会写作并尝试撰写自己的经历时，曾经的画作会是这部自传最初的雏形②。通过绘画，受伤的孩子仿佛在告诉别人："我在描述和分享我的内心世界。如果你们为此哭泣、欢笑或者鼓掌，证明你们接受了我和我受过的伤。我因此不再是别人眼中不正常的、被抛弃的、像怪物一样的孩子。"

笑对苦难是一种才能

用幽默的方式展示自己的不幸，这是一种非常难得的才能。当它成

---

① GREIG P. , 2000, *L'Enfant et son dessin. Naissance de l'art et de l'écriture*, Érès.
② *Ibid.*

为可能时，受害者会改变自己对于不幸事件的看法。“如果我能够用开玩笑的方式将自己的遭遇描述出来，你会在听到我的故事以后笑着接受我，而曾经的伤害也不再会令我显得如此另类。”

在日记中，安妮·弗兰克（Anne Frank）曾经描述自己站在藏身的房间内的百叶窗前忍不住感叹：“一次放声大笑比吃十颗解忧丸还有用①……”幽默能起到疗愈作用，这类似于否认带来的效果：让别人相信事情没那么糟糕，目的是说服自己。这种自欺欺人的做法是对过往的一种创造性的篡改，将痛苦弃之一旁。当受到伤害的孩子用轻松的口吻告诉别人自己的不幸，而对方对此报以微笑、释放出善意或者露出饶有兴致的表情，这会令他不再深陷悲伤的情绪之中，也不会总是以受害者自居来展示自己脆弱无助的一面。甚至，孩子会因此和对方建立起情感联结，因为他们分享着同样的情感，虽然这种情感并非如爱恨那般强烈，却以一种令人愉悦的方式将他们维系起来。

弗洛伊德早就发现当现实的痛苦变得无法承受时，类似的行为就会出现②。通过“减少投入的情感”或者“笑对逆境”，痛苦的感受得以减轻。但幽默并不是讽刺，也不是对受到的侵害进行否认，甚至不能简单概括为将痛苦转变为快乐。它是一种方式，如同戏剧、绘画、艺术、小说和散文等其他创作形式一样，令当事人产生一种新的认识，使得曾经的遭遇不再显得那么痛苦。

这是一种如同将当事人置于刀尖上的自我防御方式。他知道自己受到的创伤十分严重，但通过一种幽默的方式说出来，周围人会更容易接受，自己也得以重新融入他们：“我不能让他们为此感到煎熬和痛苦，相反，我要让他们产生兴趣，并获得快乐。这样，我会感到自己被认

① EISEN G., 1993, *Les Enfants pendant l'Holocauste. Jouer parmi les ombres*, Calmann-Lévy.

② FREUD S., 1927, «L'humour», *in: L'Inquiétante Étrangeté et autres essais*, 1985, Gallimard, p. 321-328.

可，因为我能够取悦别人。在内心深处，我知道发生在自己身上的事情并不像说的那样轻松。但通过这件事让别人快乐，我得以改变遭遇的痛苦，令它变成一个轻松的故事。确实，这件事让我受到了伤害，但我不想一辈子活在它的阴影之下。当用一种有趣和欢快的方式去描述它时，我掌控了这件事造成的影响。在转变人们对我的印象后，我也能够由此改变对自己的看法。”

幽默是一种超意识，一种对压抑行为的反抗。它需要观众、旁观者或者第三者。有时，受害者出现的自我分裂令他成了这个第三者，或者自己的旁观者。比如，伤心欲绝的女人在镜中看到自己因哭泣而变得通红的鼻头和被睫毛膏弄脏的脸颊时，会被自己逗乐，噗嗤一声笑出来。但这种自我防御很容易走向另一个极端，特别是当幽默成了受害者进行伪装的面具，迫使他不得不笑着说出自己的痛苦，或者这种方式变成了一种程式化的行为阻碍了真实关系的发展。

当然，有些伤痛无法笑对，这个时候展现幽默就难以实现，甚至会显得不合时宜。沉浸在痛苦中的人无法改变自己的看法。亲眼看见父母受到侵害的孩子永远也不可能笑对曾经的痛苦，他需要很长的时间来平复内心。通常情况下，那些被侵害的人，特别是他们的孩子，会进行严肃的思考，做出极端的行为。这是改变旁人对自己看法的方式。很多时候，他们会采取激进的行动来对抗施暴者①。这些孩子在改变对父母的记忆的过程中实现自我恢复，由此也证明了想要强化一个想法，最有效的方式就是让它变得更糟糕。

追忆过去会改变人们对不幸的看法。当一个孩子提出“在我的身上发生了什么事?”这样的问题时，他就是在重塑自己的过去。正因为孩子对自己的过去充满好奇，对未来也满怀期待，他会发自内心地想去了

---

① SIRONI F., *Bourreaux et victimes*, *op. cit.*

解。但这一切的前提是孩子已经建立起了依恋关系，只有这样他才能找到提问的对象。依恋的缺失会造成孩子对时间概念的模糊认知，因为在他的世界中，没有过去也没有未来，只有体会到的当下。他不会意识到“自己刚刚做了一件错事，会在不久的将来受到惩罚”。渐渐地，孩子只能通过旁人的评价来理解自己的遭遇：“发生在我身上的事情是可耻的……可怕的……非凡的……或者具有英雄主义色彩的……”就像父母一些有意的行为会令某些事物变得与众不同一样，旁人的看法赋予孩子的过去以特殊的含义。因此，创伤带来的记忆既有受害者本人的感受，也交织着他人对事件的评价。遭遇父母虐待的孩子会不自觉地将这种伤痛印刻在自己的身体记忆中，他对此的认知也受到环境和文化的影响。

无意识地学习和记忆

人会在无意识的情况下记住某些内容，自己对此却浑然不知。事实上，为了避免出现混乱，我们会刻意地忽略一些事情。被有意感知到的事物通常是经过挑选的，但一些在无意识中接触到的对象同样也会留在我们的记忆中。

有一种名叫“单侧空间忽略综合征”的神经系统疾病，患者因右侧脑损伤导致身体虽然能感知到位于其左侧空间内的事物，大脑对此却毫无意识。如果我们给他看一张左边放着牛排、右边放着薯条的盘子的照片，并要求画出照片上的内容，他会只画出薯条，却认为自己已经画出了照片上所有的东西。当我们把照片翻过来时，病人就会只画出牛排，并再一次确认自己描绘了完整的照片。他所画的是自己能看到的东西，因为从神经学的角度进行分析，他无法意识到出现在左侧的内容。但这并不代表这些东西不会出现在他的无意识中。当我们给患者提供一幅拼图要求他完成，第一次他可能需要十分钟左右拼出右边的部分；隔了一周，他只需要六分钟；而再过一周，他用两分钟就能完成。在上述实验中，患者从来没有拼出过左半部分，但他认定自己完成的是整幅拼图。如果此时我们将拼图翻转过来，使原本位于左侧的部分来到右侧，他只需要四分钟就能完成先前从未见过的这一部分。这说明在无意识中，他对此有所感知，甚至早已开始思考。这种无意识的认知证明了身体会在我们没有察觉的情况下进行记忆和学习①。如果说我们对外部世界的看法是由局部的认知拼凑起来的，那么即使其中有一部分消失了，整体的看法仍然是完整而连贯的。对于单侧空间忽略综合征患者而言，他以为的世界就是自己所见到的那部分，而旁人却无法理解，就像我们理解不了色盲患者的世界中不存在红色，或者环境中有紫外线一样。

我们对于内心和外界的认知也是如此。与他人发生的联系和自己的想法塑造了完整的自我，对一些人而言是显而易见的，对另一些人来说却未必。

不难想象，当孩子遭遇虐待或受到创伤之后，产生的伤害会在他的记忆中留下痕迹。但这种痕迹区别于回忆，因为它是一种在身体上留下的印记，是由外部环境直接造成的。而回忆则是一种对于过去的叙述，取决于孩子与周围的人所建立的关系，是他们的共同意识。

因此，创伤所形成的记忆与普通事件不同。伞兵们把跳伞视作“战胜自己”的考验。当他们在纵身一跃之前望向地面，心里想着：“我要从这里跳下去，降落在地面上那个几乎看不见的着陆点”，通常会感到十分紧张。事实上，令他们产生压力的是自己的想法，因为如果不需要往下跳，面对同样的景象，他们感受到的只有平静。

为了对此加以论证，两名军事心理学家进行了一项实验：在受试的

---

① BOTEZ M. I. , 1987, *Neuropsychologie clinique et neurologie du comportement*, Presses universitaires de Montréal.

伞兵即将做出跳伞行为之前，实验人员对他的大腿进行电击，其强度和持续时间都已经过测算以模拟疼痛带来的感觉。在受试者降落地面后，另一名实验人员立即上前询问他在跳伞前是否产生了任何不适感。所有参与实验的伞兵对此都予以否认。事实上，受试者在跳伞前产生的情绪占据了所有的意识，造成他对其他刺激都感觉麻木[1]。通过这个实验，我们可以类比创伤所形成的记忆：它对受害者造成的影响如此之深，以至于控制了所有的意识，而一些被过分放大的细节则会掩盖其他的感知。

在这个实验中，伞兵们的表现类似于单侧空间忽略综合征患者。只不过，令他们感觉受限的不是大脑的病变，而是一种控制了意识的强大想法。

普通记忆的形成则是通过另一种方式。快乐的孩子的大脑中也会留下痕迹。通过正电子发射断层成像设备的帮助，我们会发现孩子在练习小提琴、学习外语或者进行体育运动的过程中，锻炼的是不同区域的大脑[2]。不过这些活动在大脑中留下的只是训练的痕迹，而并非回忆。创造回忆的是事件在人际交往的背景下所引发的情感和代表的含义。独自长大的孩子往往会出现记忆的缺失。对于这些孩子而言，没有什么事能成为回忆，因为他们并没有与他人建立起联系，从而缺少值得铭记的事件。

因此，与他人的关系帮助我们形成自我的身份认知。正如依恋对象决定了对我们存在特殊含义的事物，在和他人的交往过程中，那些构建

---

① VAN DER KOLK B. A., FISCHLER R., 1995, « Dissociation and the Fragmentary Nature of Traumatic Memories: Overview and Exploratory Study », *Journal of Traumatic Stress*, 8, p. 505-552.

② BEVER T. G., CHIARELLO R. J., 1974, « Cerebral Dominance in Musicians and Non-Musicians », *Science*, p. 185-537.

身份的事件场景也会被突出。没有他人，就不会形成自我。但关于“我”的故事记录的却是因为“他人”而留下深刻印象的事和物。只要生命还在延续，故事就会延续，但讲述的方式一直在变化，因为这取决于我们遇到什么样的人。不过，虽然方式在变，故事的主题却不会改变。它存在于内心深处，无论是否展现，都构成了确立自我身份的关键。

创造性的篡改能够将伤痛转化为自我组织的力量

因此，关于“我”的故事①决定着我们前进的道路。前行的过程②宛如指引牧羊人回家的灯塔，为一切选择指明方向，令人与人之间的相遇成为可能。

生活环境一成不变的孩子会按部就班地成长，如同过去只能听从父母之命那样，按照既定的人生路线前行。相反，被遗弃的孩子如果没有家庭的庇护，就会迷失方向，任凭命运摆布。受过伤却具备复原能力的孩子的情况则介于这两者之间：虽然在前进的道路上有时会表现出迷茫，但他们始终怀揣着一个目标、一个梦想，就像一颗启明星一样指引着前行的方向。有时候，他们在前进的过程中会遇到阻碍，不得不绕道而行，但最终会回到通往目标的道路上。这样的情况在这些孩子身上时有发生，虽然过程迂回曲折又漫长艰辛，但他们最终能够找回属于自己的道路。

复原的过程令受伤的孩子将伤痛转化为自我组织的力量，前提是周

---

① WILLIAMS J. M. G., 1992, «Autobiographical Memory and Emotional Disorders», *in*: CRISTIANSON S. A. (éd.), *The Handbook of Emotion and Memory. Research and Theory*, Hillsdale N. J., p. 451-457.

② CYRULNIK B., 1998, «Les enfants sans lien», *in*: AÏN J., *Errances. Entre dérives et ancrage*, Érès, p. 31.

围人为他的改变创造了条件。当孩子孤身一人或被迫保持沉默时，只能独自面对伤痛，一遍又一遍地回忆曾经的不幸。他会因此被困在自己的记忆中，放大那些关于创伤的回忆。但是，如果孩子能够进行表达，无论是通过叙述、绘画还是表演的形式，他就会将对自我的注意力转移到创作的内容上去。在这个过程中，孩子会改变对事件的记忆，令它变得有趣、欢乐、更容易接受，从而被其他人认可。通过将具体的事件融入到模糊的背景中，孩子对记忆进行了创造性的修改，帮助自己把痛苦变成了艺术作品。

奇怪的是，尽管在实现复原的过程中，当事人对自己的记忆进行了加工，但产生的记忆偏差比起那些患有创伤综合征的人来说却少得多。具有复原力的人会像通过实地考察来收集写作素材的小说家一样，在他们的回忆中寻找内容，以丰富自己的创作。而缺乏复原力的人在受到创伤之后，会被囚禁在痛苦的回忆中。令他感到痛苦的不是创伤事件本身，而是事件引发的可怕幻想。早在第一次世界大战期间，约翰·麦克·库迪（John Mac Curdy）① 作为研究创伤综合征的先驱，就曾提出士兵会因为战争记忆的重现而痛苦不堪。然而，出现在他们脑海中的并不是真实战争的场景，而是想象出来的让自己感到害怕的战争画面。一位越战老兵在战争结束之后的每个夜里都会梦到自己来到越南人的家中对他们进行扫射，但这并不是真实发生过的事，因为他在整个战争期间未曾向别人开出过一枪。事实上，这种被编造出来的回忆反映的是这位士兵内心的恐惧：自己被迫要去屠杀无辜的人。

伯纳德记得自己被德国军队和法国警察逮捕时，几名志愿者正在向孩子们分发由红十字会捐赠的炼乳罐头，他们其实是想通过这样的方式

---

① MAC CURDY J., 1918, «War Nevroses», Cambridge University Press, *in*: SCHACTER D. L., 1999, *À la recherche de la mémoire. Le Passé*, *l'esprit et le cerveau*, De Bœck Université, p. 245.

让孩子们聚集起来以便一网打尽。后来，伯纳德成功脱逃，但他对随后发生的事情记得特别清楚，甚至在五十年后，这部分的记忆还得到了相关文献记载和目击者的证实。不过，对于一些回忆中的细节，伯纳德进行了加工，比如他记得有一位德国军官曾向自己表露出善意，而事实可能并非如此。但这种篡改能够帮助他发展复原力，因为它美化了敌人，令受害者在绝望中重获希望，从而得以继续奋力地生存下去。然而，几十年来，每当伯纳德看到炼乳罐头时，都会产生一种死亡逼近的焦虑感。这个物品因而具有了矛盾的含义：一方面它唤起了对于死亡的恐惧，另一方面它又令当事人因为劫后余生而感到庆幸。记忆中的画面并不是事件留下的痕迹，而是一个符号，传达着特定的含义。

当受到创伤的人无法通过绘画、描述、写作、戏剧或其他形式为伤痛赋予意义从而控制其负面影响时，他就会陷入对于创伤事件的回忆中无法自拔。回忆展现的并非真实发生的事件，而是建立在其基础上的幻想。

从踏入社会的那一刻起，伴随着父母影响下塑造的气质性格和伤害发生以后实现复原的过程，受伤的孩子开始去上学、结识新的朋友，然后以他们特定的形式与外界建立联系。

结　论

在社会文化认为“物种不变”的年代，万事万物的运行遵循着秩序。领主高高在上，神甫传达着上帝的旨意；与此同时，绝大多数的平民百姓在与死亡进行抗争。为了生存，他们需要发挥身体的优势：女人通过子宫孕育生命，男人和牲口则是劳动力的主要来源。

贵族和平民之间的差异十分明显：上流社会的人们高贵、聪慧又有文化，拥有土地、城堡和武器；而平民则负责提供劳动力，这令他们变得肮脏、疲惫、缺乏教养又疾病缠身。社会等级制度因而被视作一种所有人都必须遵守的“自然法则”。这种一成不变的秩序确立了每个人在社会中所扮演的角色：女人负责生育，男人负责劳动，而贵族则负责发号施令。

技术的发展改变了我们对世界的看法。如今，人们认识到社会乃至大自然的秩序都可以进行人为的改变。机器带来的效益远大于人力，而平民百姓的孩子也能获得成功。当妇女从繁衍后代的任务中被解放出来，她们的命运不再由自己的子宫决定。

十九世纪是科学技术大爆发的时期，世界一成不变的观点就此遭到摒弃，人们开始用变化的眼光来看待人类的发展。生物学发现了“进化”的概念，而胚胎学则对弗洛伊德“内心大陆”这一发现中提出的

“发展”进行了思考①。

正是在这样的时代背景下，“创伤”的概念渐渐浮现。虽然在现实生活中创伤并不罕见，但它并未得到明确的定义。在古代，一些战士虽然没有遭遇袭击，却会突然之间失明，有些士兵则会在战场上因为恐惧而无法控制自己的行为。查理九世在圣巴托洛缪惨案发生后总是会回忆起当时血腥的场面，而陀思妥耶夫斯基清楚地记得自己差点被执行死刑的那一刻所体会到的对死亡既恐惧又渴望的矛盾感受。

1890 年，人类步入铁路时代，“创伤”的概念应运而生。睡眠障碍、噩梦的出现以及烦躁易怒的表现都被解释为“速度引起的大脑机械活动”②。在工业革命的背景下，人们对于创伤也倾向于用机械原理来进行理解。南非布尔战争（1899—1902 年）和日俄战争（1904 年）令“情感冲击”一词进入了公众视线。1914 年至 1918 年的战争期间，人们第一次了解到“心理折磨”。第二次世界大战，特别是纳粹德国实施的种族清洗行动，以及之后爆发的朝鲜和越南战争造成了大规模的伤害，再加上社会文化背景的转变，促使精神病学家开始从人际关系的角度来研究创伤问题。

自从“心理创伤”这一概念诞生以来，相关研究已经从对创伤的临床描述和成因探究转变为预防和修复。正是因为这样，“复原力”的理念才显示出重要性。有趣的是，尽管理念的产生和发展需要依附孕育它的文化，但“résilience（复原力）”这个法语单词却在美国获得了空前的成功。“这个词被翻译成‘resiliency’，用来形容美国人的性格中与之

---

① RITVO L., 1992, *Darwin, ascendant de Freud*, Gallimard, et CYRULNIK B., 1995, «Freud, précurseur de l'éthologie entre Darwin et Mac Lean», *Acta Psychiatrica Belgica*, 94, p. 299-311.

② VILA G., PORCHE L.-M., MOUREN-SIMÉONI M.-C., 1999, *L'Enfant victime d'agression*, Masson, p. 13.

对应的气质，融合了弹性、韧性、智慧和乐观。”经历了1929年美国经济大萧条的保罗·克洛岱尔（Paul Claudel）曾这样描述道：“令人压抑的痛苦（和）容光焕发的自信。”这种直面不幸的态度是如此深入人心，以至于“如果看到几名金融家从窗口一跃而下，我会忍不住想他们的内心也许怀抱着复原的希望①”。

复原力的概念其实由来已久，而现在，我们可以对它做出分析。这是一个过程，一切重新变得协调，而身处其中的当事人不断前行，同时受到周围情感、社会和文化环境的影响。复原的过程仿佛是在激流中航行。创伤事件的发生令当事人偏离了既定的航道，他不幸被卷入洪流中，并因此受到了伤害。为了与之对抗，他需要调用内在的力量，努力不让自己被创伤的洪流淹没。他必须坚持下去，直到外部世界伸出援手，带来情感慰藉；或者由社会或是文化机构提供相应帮助，令其走出困境。

那些具备复原力的人因为内在的力量而变得自信和开朗。这种在幼年时期轻易能够获得的能力令当事人发展出了安全型的依恋关系以及讨人喜欢的行为。在必要时，他会不顾一切去寻求帮助，同时旁人也乐于向其伸出援手。不过，既然我们已经明确了应当用变化的眼光去看待人的发展，那么就该意识到，那些早年间未能获得上述能力的孩子在日后的成长过程中依然有可能将其慢慢培养起来，前提是他身边的人明白气质是如何形成的，而且孩子身处的环境能够支持他的发展。

当伤口还未愈合时，人们倾向于去否认痛苦，因为只有当受到的伤害不再被想起时，生活才能继续。然而，随着时间的流逝，伤害事件引起的强烈情绪会慢慢平息，留在受害者记忆中的其实是自己的看法，取

① CLAUDEL P., 1936, *L'Élasticité américaine*, *Œuvre en prose*, Gallimard, La Pléiade, p. 1204（与WITAKER M. J. 的私人通信）。

决于他如何定义发生在自己身上的不幸。文化环境的不同也会赋予伤害以不同的含义，有时它会被视作一种耻辱，而在某些情况下，它又被蒙上了英雄主义色彩。时间会淡化记忆，而故事则令感受发生蜕变。当受到伤害的人努力去理解发生的不幸，找寻说服自己的方法，回到当下的情景中而不沉溺于过去，他就能够治愈自己的创伤并改变对不幸事件的看法。人们普遍赞成第一次世界大战是一场血腥的屠杀，但对于特洛伊战争所造成的苦难却鲜少提及。如今，“特洛伊木马”已经成了一个动人的神话故事，以至于让人忘却了故事背后那些残酷的事实：十年围城引发的饥荒、刀光剑影的厮杀以及最后将特洛伊城化为灰烬的熊熊烈火。在那些表达着我们对于古希腊文明的迷恋和推崇的故事中，现实被改写，痛苦被抹去，留下的只有艺术的升华。岁月的沉淀令即时的感知逐渐转变为持续的认知，而艺术创作令悲剧得以呈现，从而反过来起到了保护作用。

这也再次说明从个人角度对复原力进行分析是一个根本性的错误。复原力没有强弱之分，它涉及许多方面的内容，比如与生俱来的智慧、抵抗挫折的能力以及风趣幽默的特质。复原力是一个过程，是孩子在环境和文化的影响下，通过行为和语言实现的变化和发展。因此，与其说是孩子具有复原力，不如说是他的过去与未来展现出了复原力。

这就是为什么所有经历过重大磨难的人对于如何发展复原力的看法都出奇地一致。

最重要的就是能够遇到令改变发生的人。有时候，只需要一个这样的人出现便足够了。他可以是用一句话就为孩子带来希望的老师，可以是令孩子明白人际关系并没有想象中那么困难的体育教练，可以是将痛苦的经历升华为对自我超越的神父，也可以是一位园丁、演员、作家，或者其他任何一个人，只要他能够让孩子相信“我能够走出困境”。当受到伤害的孩子得以重建社会关系，他就能够改变对自己的看法。“感到痛苦和自认为糟糕[1]”的状态会因为遇到一个为自己带来情感慰藉的人而发生改变，让孩子产生了摆脱困境的愿望。

画画、玩耍和逗人发笑有助于孩子撕去自己被别人轻易贴上的标签：“……赋予发生在自己身上的事情以特殊的含义，把它变成一个故事，努力去理解并付诸行动[2]”成了最简单但同时也是最为必要和有效的防御方式。这意味着，所谓的消费文化即使带来了令人愉悦的消遣，却并不能为复原力的发展创造条件。它只能让人获得片刻的宁静，正如电视节目可以令焦虑症患者暂时摆脱镇静药物一样。只有当我们主动地去创造，成为参与者而不是旁观者，才能真正从糟糕的感觉中解脱出来，成为能够带来幸福的人。

保罗·布维耶（Paul Bouvier）认为：“像芭芭拉一样的人的经历证实了复原力并不是抵御痛苦的能力，也不是一种后天形成的一成不变的状态。这是一个过程，一条人生的必经之路[3]。”

如何在纷繁复杂的文化环境中实现自我的发展？当前路受阻时，又该如何继续前进？如今的我们似乎来到了一个岔路口。近几十年来，人权斗争的胜利以及科学技术的发展令人们渐渐相信苦难是可以被消除的。倘若支持这一观点，那我们就该寄希望于更完善的社会保障以及疗效更为显著的药品来根除一切痛苦。而另一种观点则认为人生不可能一帆风顺，但通过克服冲突和发展复原力，我们最终能够回归正轨，继续朝着既定的目标前行。

这两种观点为我们提供了不同的方法来面对生活中那些无法避免的

---

① BOURGUIGNON O., 2000, «Facteurs psychologiques contribuant à la capacité d'affronter des traumatismes chez l'enfant», *Devenir*, vol. 12, no 2, p. 83.

② VALENTINE L., FEINAUER L. L., 1993, «Resilience Factors Associated With Female Survivors of Childhood Sexual Abuse», *Am. J. Family Therapy*, 21, p. 216-224.

③ BOUVIER P., 1999, «Abus sexuel et résilience», *in: Souffrir mais se construire*, Érès, p. 125-161.

挫折与磨难。

可以预见的是，在21世纪，社会将面临越来越多的问题①，因此我们应当采取一切有效的措施去避免可能造成的不良后果。当家庭变故导致孩子流离失所，福利机构禁锢了儿童的自由发展，战火和暴力在全世界蔓延，父母们没有履行应尽的职责和义务，孩子遭受到的痛苦就会像滚雪球般越变越大，最终引发雪崩。因此，在灾难发生前，我们应当从各个环节入手进行干预：从政治层面减少战争罪行的发生，在思想上对相关理论予以批判，通过技术手段修复创伤，最后，不断促进复原力的发展，使得受伤的孩子能够重拾对生活的信心。

生命是如此丰富，不能一言以蔽之②。我们要把它当成一本书来写，或者像布拉桑（Brassens）那样用歌声来吟唱。过去的经历让他明白，有时候一个小小的举动就足以帮助丑小鸭蜕变成一只美丽的天鹅。

这首歌献给你，
亲爱的奥弗涅人，
在我饥饿难耐时，
慷慨地给了我四块面包③。

---

① RICALDI-COQUELIN A. -M., 2000, *Poussières de vie*, Thèse de sciences de l'éducation, Paris.

② VANISTENDAEL S., LECOMTE J., 2000, *Le Bonheur est toujours possible*, Bayard, p. 219.

③ BRASSENS G., 1955, *Chanson pour l'Auvergnat*.

参考文献

本书中所涉及的参考文献已在相应书页底部进行标注。以下所列的这份参考书目更为全面，供各位读者进一步了解或核实相关观点。

— ALTOUNIAN Jacqueline, 2000, *La Survivance: traduire le trauma collectif*, Dunod.

— ANDRÉ Christophe et LELORD François, 1999, *L'Estime de soi. S'aimer mieux pour mieux vivre avec les autres*, Odile Jacob.

— ANTHONY James, CHILAND Colette, 1985, *Enfants dans la tourmente*, PUF.

— ANTHONY James, CHILAND Colette, 1992, *Le Développement en péril*, PUF.

— ANTHONY James, CHILAND Colette, KOUPERNIK Cyrille, 1982, *L'Enfant vulnérable*, PUF.

— AURIAT Nadia, 1996, *Les Défaillances de la mémoire humaine*, PUF.

— BAILLY Lionel, 1996, *Les Catastrophes et leurs conséquences psychotraumatiques chez l'enfant*, ESF.

— BARUDY Jorge, 1997, *La Douleur invisible de l'enfant*, Érès.

— BAUDRY Patrick, 1991, *Le Corps extrême*, L'Harmattan.

— BERTRAND Michèle (dir.), 1997, *Les Enfants de la guerre et les violences civiles*, L'Harmattan.

— BOSHI Roger, 2000, *La Prévention des troubles psychiques chez l'enfant et l'adolescent. Quand faut-il intervenir?*, L'Harmattan.

— BOURGUIGNON Odile, 2000, «Facteurs psychologiques contribuant à la capacité d'affronter des traumatismes chez l'enfant», Devenir, 12, no 2, p. 77–92.

— BOWLBY John, 1978–1984, *Attachement et perte*, 3 tomes, PUF.

— BRAUNER Alfred et Françoise, 1994, *L'Accueil des enfants survivants*, Librairie Lipsy.

— BRIOLE Guy, LEBIGOT François, LAFONT Bernard, FAVRE Jean-Dominique, VALLET Dominique, 1994, *Le Traumatisme psychique: rencontre et devenir*, Masson.

— BUREAU INTERNATIONAL CATHOLIQUE DE L'ENFANCE, 1994, «Famille et résilience de l'enfant», *L'Enfance dans le monde*, vol. 21, no 1.

— CASTILLO Michel DEL, 1998, *De père français*, Fayard.

— CHIANTARETTO Jean-François, 1998, *Écriture de soi et trauma*, Anthropos.

— CHOUVIER Bernard, GREEN André, KRISTEVA Julia, 1998, *Symbolisation et processus de création*, Dunod.

— COPPEL Marthe, DUMARET Annick Camille, 1995, *Que sont-ils devenus?* Érès.

— CRAMER Bertrand, 1999, «Ceux qui s'en sortent», *in Que deviendront nos bébés?*, Odile Jacob.

— CROCQ Louis, 1999, *Les Traumatismes psychiques de guerre*, Odile Jacob.

— CYRULNIK Boris (dir.), 1998, *Ces enfants qui tiennent le coup*, Hommes et perspectives.

— CYRULNIK Boris, 1999, *Un merveilleux malheur*, Odile Jacob.

— DAVID Myriam, 1989, *Le Placement familial*, ESF.

— DAYAN Maurice, 1995, *Trauma et devenir psychique*, PUF.

— DE BAECQUE Antoine, TOUBIANA Serge, 1996, *François Truffaut*, Gallimard.

— DUPEREY Anny, 1992, *Le Voile noir*, Seuil.

— ENJOLET Catherine, 1997, *Princesse d'ailleurs*, Phébus.

— FABRE Nicole, 1999, *Blessures d'enfances. Les dire, les comprendre, les dépasser*, Albin Michel.

— FISCHER Gustave-Nicolas, 1994, *Le Ressort invisible*, Seuil.

— FORTIN Laurier et BIGRAS Marc, 2000, « La résilience des enfants : facteurs de risque, de protection et modèles théoriques », *Pratiques psychologiques*, no 1, p. 49–63.

— FRANK Anne (1947), *Journal*, texte intégral, édition définitive, texte établi par Otto H. Frank et Mirjam Pressler, 1992, Calmann-Lévy, Le Livre de poche.

— GANNAGÉ Myrna, 1997, « L'enfant et la guerre : quelle protection ? », *Psychologie française*, no 42–43, p. 237–242.

— GANNAGÉ Myrna, 1999, *L'Enfant, les parents et la guerre. Une étude clinique au Liban*, ESF.

— GAULEJAC Vincent DE, 1999, *L'Histoire en héritage*, Desclée de Brouwer.

— GENET Jean, 1949, *Journal du voleur*, Gallimard.

— GUÉNARD Tim, 1999, *Plus fort que la haine*, Presses de la Renaissance.

— GRUYER Frédérique, FADIER-NISSE Martine, SABOURIN Pierre, 1991, *La Violence impensable*, Nathan.

— HABIMANA Emmanuel, ETHIER Louise, PETOT Djaouida, TOUSIGNANT Michel, 1999, *Psychopathologie de l'enfant et de l'adolescent*, Gaétan Morin.

— HALLIT-BALABANE Aïda, 1999, « L'écriture du trauma dans les *Récits de la*

Kolyma de Varlam Chalamov», L'Harmattan.

— HALPERIN Daniel, BOUVIER Paul, REY-WICKY Hélène, 1997, «À contre-coeur, à contre-corps», *Médecine et Hygiène.*

— HAYNAL André, 1987, *Dépression et créativité*, Césura.

— HERBAUT Clotilde, WALLET Jean-William, 1996, *Des sociétés, des enfants*, L'Harmattan.

— HIEGEL Jean-Pierre, HIEGEL-LANDRAC Colette, 1996, *Vivre et revivre au camp de Kholo I Pang*, Fayard.

— HOUBALLAH Adman, 1998, *Destin du traumatisme*, Hachette.

— HOUDE Renée, 1999, *Les Temps de la vie*, Gaétan Morin.

— IONESCU Serban, JACQUET Marie-Madeleine, LHOTE Claude, 1997, *Les Mécanismes de défense*, Nathan.

— JULIET Charles, 1992, *L'Inattendu*, POL.

— KREISLER Léon, 1996, «La résilience mise en spirale», *Spirale*, no 1, p. 162–165.

— LAHAYE Jean-Luc, 1987, *Cent familles*, Carrère.

— LANI-BAYLE Martine, 1999, *L'Enfant et son histoire*, Érès.

— LEVI Primo, 1987, *Si c'est un homme*, Julliard.

— LEWENDEL Isaac, 1996, *Un hiver en Provence*, L'aube.

— LOUTRE DU PASQUIER Nathalie, 1981, *Devenir des enfants abandonnés. Le Tissage du lien*, PUF.

— MANCIAUX Michel et TOMKIEWICZ Stanislas, 2000, «La résilience aujourd'hui», *in* Gabel Marceline, Jésu François et Manciaux Michel, *Bientraitances, mieux traiter familles et professionnels*, Fleurus, p. 313–340.

— MANCIAUX Michel, 2001, *La Résilience: concept et action*, Genève, Médecine et hygiène.

— MAQUEDA Francis (dir.), 1999, *Traumatismes de guerre*, Hommes et perspectives.

— MICHAUD Pierre-André, 1999, « La résilience : un regard neuf sur les soins et la prévention », *Archives pédiatriques*, no 6, p. 827–831.

— MILLER Alice, 1984, *C'est pour ton bien*, Aubier.

— MILLER Alice, 1998, *Chemins de vie*, Flammarion.

— MOLÉNAT Françoise, 1992, *Mères vulnérables*, Stock.

— MOSCOVICI Serge, 1997, *Chronique des années égarées*, Stock.

— MUXEL Anne, 1996, *Individu et mémoire familiale*, Nathan.

— PEREC Georges, 1975, *W ou le souvenir d'enfance*, Denoël.

— PETIT Michel, LALOU-MOATTI Monique, CLERVOY Pierre, 1999, « Santé mentale. Risque. Vulnérabilité. Ressources », *in* Lebovici Serge, Diatkine René et Soulé Michel, *Nouveau Traité de psychiatrie de l'enfant et de l'adolescent*, PUF, « Quadrige », tome 4, p. 3041–3046.

— POILPOT Marie-Paule (dir.), 1999, *Souffrir mais se construire*, Fondation pour l'enfance, Érès.

— POURTOIS Jean-Pierre (dir.), 1995, *Blessure d'enfant*, De Bœck Université.

— POURTOIS Jean-Pierre, DESMET Huguette, 2000, *Relation familiale et résilience*, L'Harmattan.

— REMOND Jean-Daniel, 1999, *Une mère silencieuse*, Seuil.

— Revue *Art et Thérapie*, 1996, « La création comme processus de transformation », no 56–57, juin.

— Revue *Autrement*, 1999, « Travail de mémoire 1914–1998 », no 54.

— Revue *Confrontations psychiatriques*, 1993, « Créativité et psychiatrie », no 34.

— Revue *Devenir*, 2000, «Résilience: facteurs propres à l'enfant», vol. 12, no 2.

— Revue *Le Groupe familial*, 1990, «Histoire de vie», no 126, janvier-mars.

— Revue *Le Groupe familial*, 1995, «Mémoires de vies et identités», no 147, avril-juin.

— Revue *Pratiques psychologiques*, 2000–2001, «Bien-être subjectif et facteurs de protection», L'Esprit du temps.

— RIVOLIER Jean, 1992, *Facteurs humains et situations extrêmes*, Masson.

— ROY Bruno, 1994, *Mémoire d'asile*, Boréal.

— RUTTER Michael, SADLIER Karen, 1998, «L'enfant et la résilience», *Le Journal des psychologues*, no 162, p. 46–49.

— SAINT-ANDRÉ (dir.), 1996, «Parents en souffrances — Répercussions sur les liens précoces», *Prisme*, vol. 6, no 1.

— SARTRE Jean-Paul, 1952, *Saint Genet*, *comédien et martyr*, Gallimard.

— SARTRE Jean-Paul, 1964, *Les Mots*, Gallimard.

— SCHAFFER Herbert, 1976, *La Psychologie d'Adler*, Masson.

— SEMPRUN Jorge, 1994, *L'Écriture ou la vie*, Gallimard.

— SHENGOLD Léonard, 1998, *Meurtre d'âme*, Calmann-Lévy.

— SNYDERS Jean-Claude, 1999, *Paroles perdues*, Buchet-Chastel.

— SPITZ René, 1963, *La Première Année de la vie de l'enfant*, Préface d'Anna Freud, PUF.

— TELLIER Anne, 1998, *Expériences traumatiques et écritures*, Anthropos.

— TODOROV Tzvetan, 1994, *Face à l'extrême*, Seuil.

— THOMAS R. Murray, MICHEL Claudine, 1994, *Théories du développement de l'enfant*, De Bœck Université.

— TOLSTOÏ Léon, 1961, *Jeunesse. Souvenirs*, Gallimard.

— TOMKIEWICZ Stanislas, 1997, «L'enfant et la guerre», *Forum mondial de la santé*, vol. 18, p. 309–318.

— TOMKIEWICZ Stanislas, 1999, *L'Adolescence volée*, Paris, Calmann-Lévy.

— VANISTENDAEL Stephan, 1996, «La résilience ou le réalisme de l'espérance. Blessé mais pas vaincu», *Les cahiers du BICE.*

— VANISTENDAEL Stephan, LECOMTE Jacques, 2000, *Le Bonheur est toujours possible*, Bayard.

— VILA Gilbert, PORCHE Luc Michel, MOUREN-SIMEONI Marie-Christine, 1999, *L'Enfant victime d'agression*, Masson.

— ZALTZMAN Nathalie (dir.), 1999, *La Résistance de l'humain*, PUF.

图字：09-2023-0055 号

图书在版编目（CIP）数据

丑小鸭 /（法）鲍里斯·西吕尔尼克著；王真译.
上海：上海译文出版社，2025. 5. --（译文科学）.
ISBN 978-7-5327-9807-0
Ⅰ. C912. 11-49
中国国家版本馆 CIP 数据核字第 2025QZ2690 号

丑小鸭
［法］鲍里斯·西吕尔尼克 著　王真 译
责任编辑/范炜炜　装帧设计/柴昊洲

上海译文出版社有限公司出版、发行
网址：www. yiwen. com. cn
201101　上海市闵行区号景路 159 弄 B 座
上海颛辉印刷厂有限公司印刷

开本 890×1240　1/32　印张 7. 25　插页 2　字数 154, 000
2025 年 5 月第 1 版　2025 年 5 月第 1 次印刷
印数：0, 001—6, 000 册

ISBN 978-7-5327-9807-0
定价：58. 00 元